表に返す

裏返った状態になっている布を、表面が外側になるようにひっくり返すこと。

ぬいしろを開く

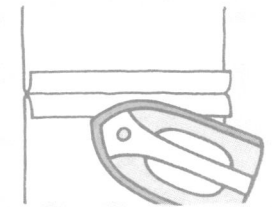

ぬい合わせた布の2枚のぬいしろをアイロンなどで両側に広げること。

三つ折りにする

布の切りはしがほつれないようにする方法の1つ。布のはしを2回折り、3枚重ねにする。

布の切りはしがほつれないようにする方法の1つ。ミシンで布のはしをジグザグにぬう。

アイロン両面接着シート

2枚の布をはり合わせるときに使うシート。片面にはくり紙がついている。アイロンを使って、はり合わせる。

接着しん

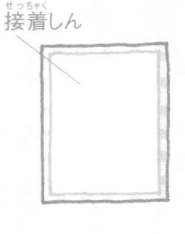

強度を上げ、形がくずれないようにするためのもの。表布に合う厚みや素材を選び、アイロンではる。シールタイプもある。

接着しんのつけ方

① 布の裏面と、接着しんののりがついている面を合わせて、接着しんが上になるように置く。薄紙をのせて、のりがアイロンにつくのを防ぐ。

② アイロンはすべらせず、接着しんがずれないよう、おしつけるようにしてはっていく。

型紙の写し方（チャコペンを使う）

① 型紙をコピーする。必要があれば拡大して実際の大きさにする。

② コピーしたものをはさみで切って型紙をつくり、布の上に置く。

③ 型紙をまち針で留め、まわりをチャコペンでなぞり、型紙を外す。

④ 線に沿って布を切る。

図案の写し方（チャコペーパーを使う）

① 図案をコピーする。必要があれば拡大して実際の大きさにする。

② 下から布、チャコペーパー、図案の順に置き、まち針で留める。

③ 専用のペンやヘラ（えんぴつでも可）を使って、図案をなぞる。

④ 図案とチャコペーパーを外す。

かんたん！かわいい！
手づくり デコ＆手芸

インテリア小物

かんたん！かわいい！手づくりデコ＆手芸

もくじ

- 手芸の基本1　道具と材料を知ろう……… 4
- 手芸の基本2　使い方を覚えよう………… 5
- 手芸の基本3　針と糸でぬってみよう…… 6
- 手芸の基本4　ミシンぬいを覚えよう…… 8

インテリア小物

P.10
かえるとあひるのデコデコケース
難易度 ☆

P.12
ポンポンと羽根のふわふわリース
難易度 ☆

P.14
夢心地、羊が1ぴきまくらカバー
難易度 ☆☆

P.16
お部屋デコが楽しめる ことりのつるしかざり
難易度 ☆☆

P.18
うきうきコースター＆ミニランチョンマット
難易度 ☆☆

P.21
ビーズつきワイヤーフォトフレーム
難易度 ☆☆☆

P.23 ワイヤー作品の基本テクニック

P.31 ウール製品のフェルト化を知ろう

P.38 さき布のつくり方

P.39 羊毛のさし方 型紙

このマークのある作品では、ミシンを使ったつくり方をしょうかいします。ミシンがないときは、手ぬいでつくることもできます。

このマークのある作品では、指定されているページの型紙を使います。必要なサイズにコピーして使ってください。

難易度を星の数で示しています。星の数が多いほど、難しい作品です。

P.24 シンプルなワイヤーバスケット
難易度 ★★★

P.26 ピンクのふたつきお道具箱
難易度 ★★★

P.29 カーディガンを着たもこふわクッション
難易度 ★★

P.32 北欧気分のぬくぬくタペストリー
難易度 ★★

P.34 ぴょんぴょんうさぎのスリッパ
難易度 ★★

P.36 元気でポップなかざりフラッグ
難易度 ★

各作品の材料としてしょうかいしている色やがらは一例です。好きな色やがらにして、自分なりの作品をつくってみるのも楽しいですよ。

手芸の基本 1 道具と材料を知ろう

作品づくりに必要な道具と材料をしょうかいします。基本の知識として、名前と使いみちを覚えておきましょう。

印をつける

チャコペン（チャコえんぴつ）

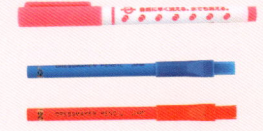

印をつけたり、型紙を写したりするときに使う。水で消せるタイプや、時間がたつと消えるタイプなどがある。

測る

メジャー

ものさし

切る

たちばさみ
布を切るためのはさみ。布以外のものは切らないようにしよう！

糸切りばさみ

ひもやゴムを通す

ひも通し

ぬう

ぬい針
長さや太さの異なる針があるので、作業によって使い分けよう。

まち針
布を留めるときに使う。

指ぬき
厚い布をぬうときや、長くぬうときに使う。針が楽に進む。 

針さし

ししゅう針
太さはいろいろあるので、糸の太さによって針を選ぼう。

毛糸針
毛糸を通す太い針。

ビーズ用針
ビーズに糸などを通す針。

ししゅう糸

さまざまな太さの糸がある。写真は「25番」という太さのもので、比かく的使いやすい。6本の糸がより合わさっていて、そのうちの何本かを引きぬいて使うこともある。

手ぬい糸

はる

接着ざい

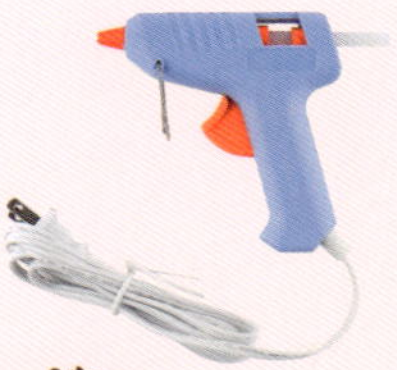

グルーガン
グルーガンは熱くなるので、やけどに注意。

そのほか

ラジオペンチ 
ワイヤーなどを曲げるときに使う。ネックレスやブレスレットをつくるときに便利。

かなづち
スナップボタンをつけるときなどにたたいて使う。

目打ち 
布に穴をあけたり、ししゅう糸を整えたりする。

手芸の基本 2 使い方を覚えよう

アイロンやまち針などは、使い方をまちがえるとけがをすることもあります。安全に使う方法を覚え、気をつけて作業をしましょう。

アイロンの安全な使い方

布はななめの方向にのびやすいため、アイロンはななめにかけない。

1 アイロンを平らな場所に置き、コンセントをさしてスイッチを入れる。布の種類に合わせて、温度の調節をする。

2 アイロンの底が熱くなったら、ぬい目や折り目からかけていく。布目に気をつけて全体を整える。

注意
- 広く、安定したところで作業をする。
- スイッチを入れたまま、作業場所をはなれない。
- 使わないときは立てておく。
- 使い終えたら、完全に冷めてからしまう。

まち針の打ち方

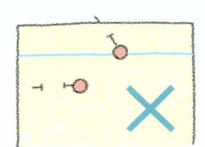

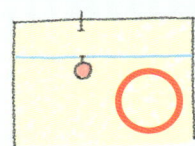

ぬう線に沿って、垂直に針をさす。布をたくさんすくうとずれてしまうので、細かく布をすくうとよい。

順番
右利き　2 5 3 4 1
左利き　1 4 3 5 2

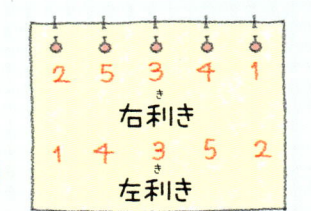

布の両はし、中心、その間の順にさす。右利きと左利きで、さす順番がかわる。

布の基本と選び方

布目の方向

布の特性を知ると作品もきれいにできる！

布地の縦糸の向きのことを「布目の方向」という。バッグや服をつくるときは、布目の方向に合わせて布を使うと、形がくずれにくい。

縦に引っ張ると / 横やななめに引っ張ると

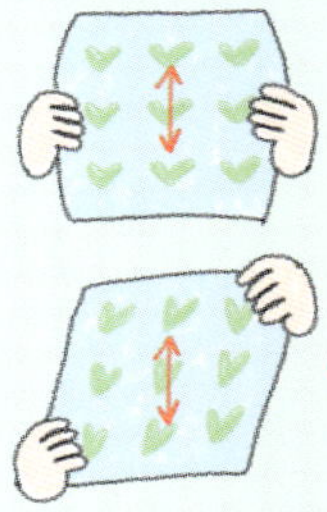

※布の矢印は、布目の方向

○ のびない　× のびる

織った布（織物） 
縦糸と横糸で織った布。編んだ布ほどはのびない。

編んだ布（編み物） 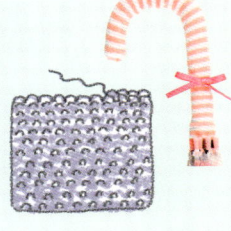
1本の糸で編んだ布。体操着などに使われる。縦にも横にもよくのびる。

フェルト（せんいをからませてかためた布） 
縦と横、表と裏の区別がなく、のびが少ない。ほつれもない。

手芸の基本 3 — 針と糸でぬってみよう

針と糸を使った、いろいろなぬい方をしょうかいします。それぞれのぬい方をマスターして、手芸作品を楽しみましょう。

注意
- 作業をはじめる前と終わった後に、針の数を数えて確認しよう。
- 針先を人に向けないようにしよう。
- はさみを人にわたすときは、刃のほうを持ってわたそう。

針に糸を通す

1. 糸をななめに切る。(ななめに切ると、針の穴に通しやすいよ!)
2. 糸の先を持って、針穴に通す。

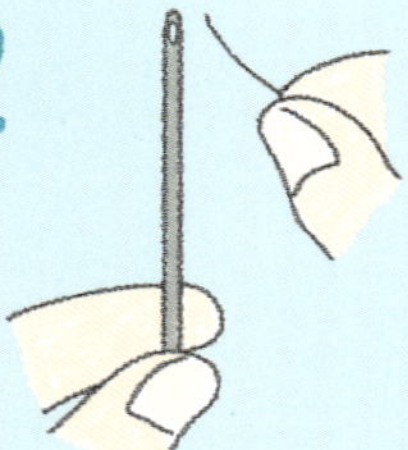

ポイント 糸は長すぎるとぬいづらいよ。手首からひじまでの長さがだいたいの目安だよ。

1本どり 糸の片側だけを玉結びし、糸1本でぬう。糸の基本的な使い方。

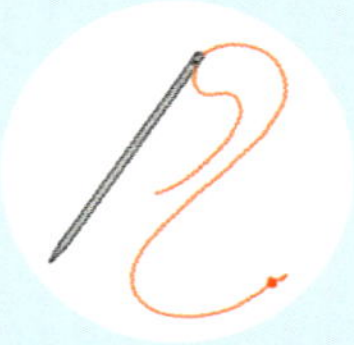

2本どり じょうぶにしたいときは、糸の両はしをいっしょに玉結びし、糸を2重にしてぬう。

玉結びをする

1. 糸のはしを人さし指に1回巻いて、親指でおさえる。
2. 人さし指をずらして、糸から指をぬいて、糸をより合わせる。
3. より合わせたところを親指と中指でおさえ、糸を引いて玉をつくる。

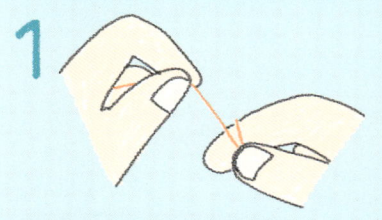

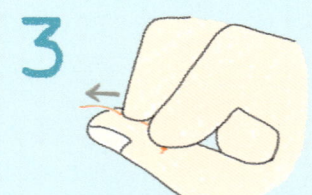

玉結び

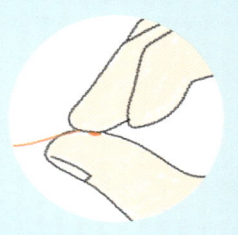

玉留めをする

1. ぬい終わりのところに針を置き、親指でおさえる。
2. 布から出ている糸を針に2〜3回巻く。
3. 糸を巻いた部分を親指でおさえて、針を引きぬく。
4. 糸のはしを少し残して切る。

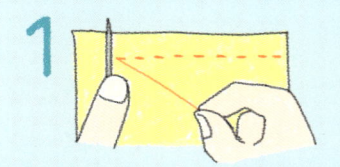

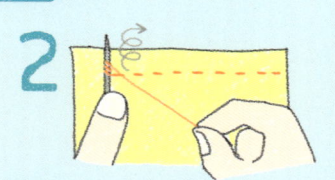

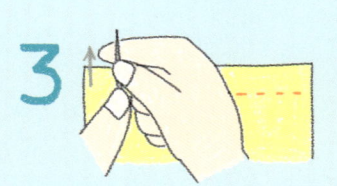

布をぬう

なみぬい

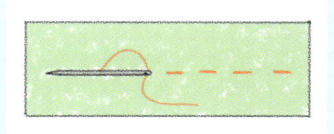

表と裏のぬい目が同じ間隔になるようにぬっていく。

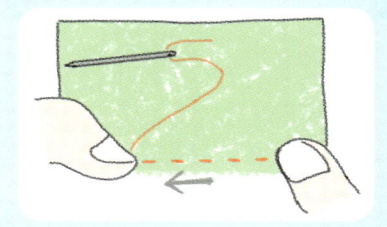

ポイント 少しぬい進んだら、布が引きつれたままにならないように、ぬい目を指で整えよう！

本返しぬい

返しぬいは、なみぬいよりじょうぶ！

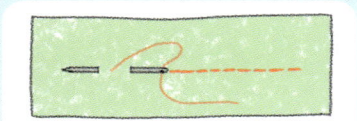

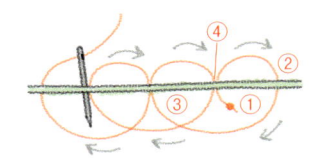

図のようにぬっていく。①と④は同じところになる。

半返しぬい

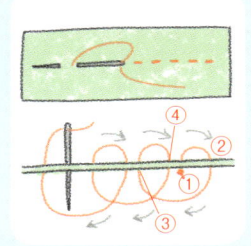

図のようにぬっていく。①と④は少しはなす。

かがりぬい

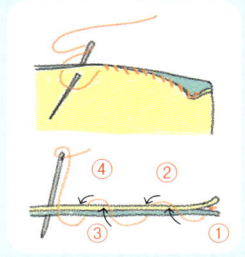

2枚の布のはしを合わせるときのぬい方。針を裏から入れて、表に出す。これを図のようにくり返す。

まつりぬい

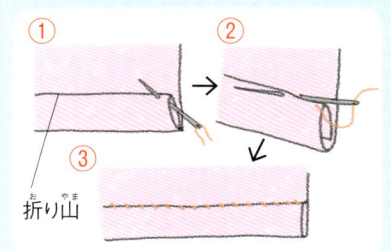

折り山の裏から針を入れて表に出す（①）。0.5cm～1cm先を②のようにすくい、そのまま針をぬく。これをくり返す。

しつけ

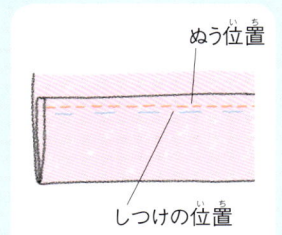

ぬう位置
しつけの位置

布がずれないように、手ぬいであらくぬうこと。実際にぬう位置と重ならないように、0.3cmほどはなしてぬう。ぬい終わったら、しつけ糸はぬく。

コの字とじ

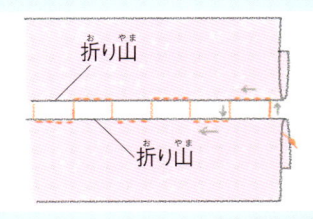

折り山
折り山

折り山の裏から針を入れて表に出す。反対側の折り山にさして、0.3cmくらいすくい、「コ」の字をかくように糸をわたしながらぬう。これをくり返す。

ボタンをつける

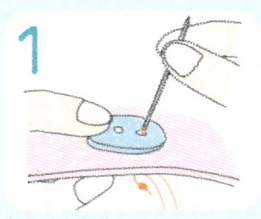

1 針に糸を通し、玉結びをする。布にボタンを置き、針を布の裏からさして、ボタンの穴に通す。

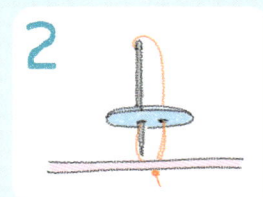

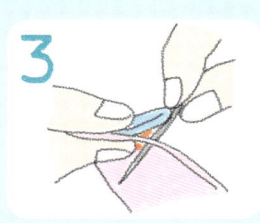

2 布とボタンの間に少しすき間をあけながら、穴に3～4回、針を通す。

3 布とボタンの間に針を出す。布とボタンの間の糸に3～4回糸を巻きつけ、針を布の裏に出して、玉留めをする。

手芸の基本 4 ミシンぬいを覚えよう

ミシンが使えると、大きなものもつくれるし、作業が早く進みます。ミシンの基本の使い方を覚えておきましょう！

注意
- ミシンで作業している間、よそ見をしない。
- ミシンで作業している人や、作動中のミシンにふれない。
- 針の下に指を入れない。
- 家で使うときは、大人といっしょに。

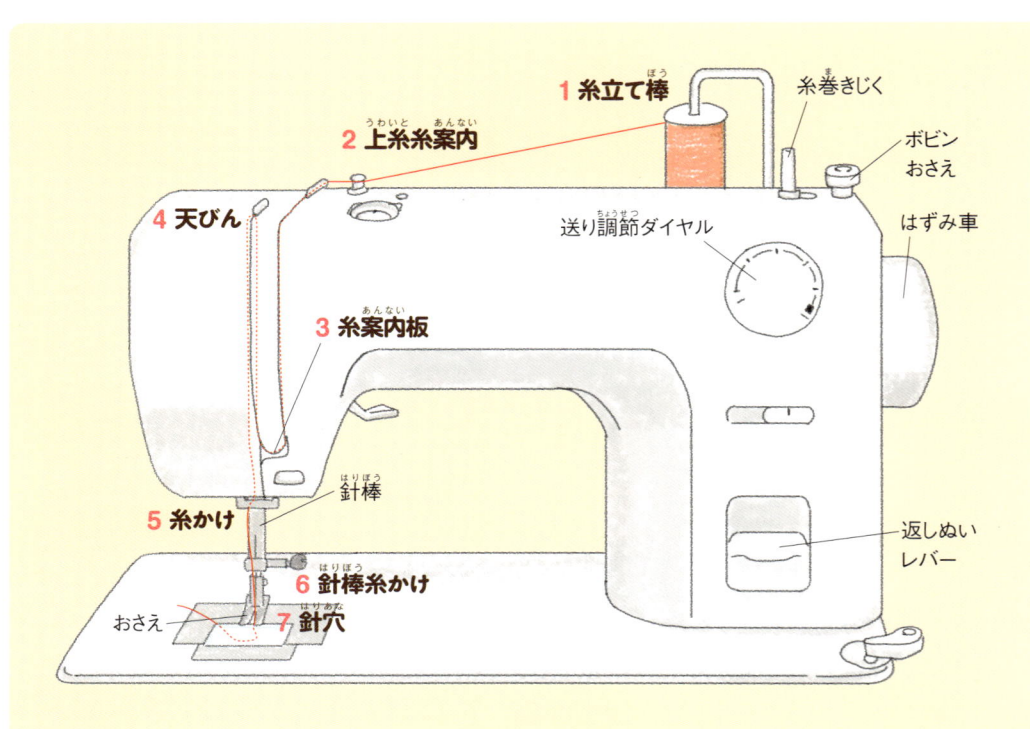

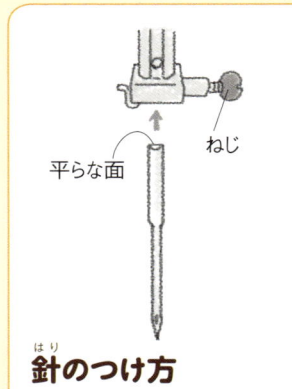

1 糸立て棒
2 上糸糸案内
3 糸案内板
4 天びん
5 糸かけ
6 針棒糸かけ
7 針穴

糸巻きじく
ボビンおさえ
はずみ車
送り調節ダイヤル
返しぬいレバー
針棒
おさえ

針のつけ方
平らな面　ねじ
① はずみ車を手前に回して、針棒を上げる。
② ねじをゆるめて、針の平らな面を針棒のみぞに合わせてさしこみ、しっかりねじをしめる。

1 準備をして からぬいをする
ミシンがきちんと動くかどうか、最初に確認をする。糸は通さずに行う。これを「からぬい」という。

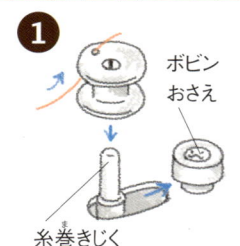

2 下糸を入れる

❶ ミシンの上にある下糸巻き機能を使って、ボビンにミシン糸を巻く。（ボビンおさえ／糸巻きじく）

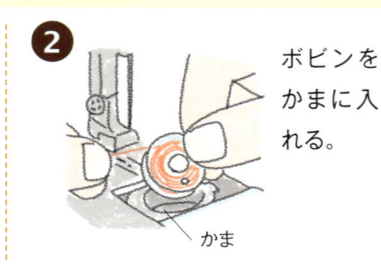

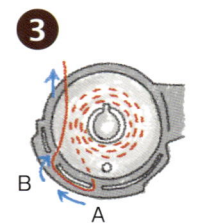

❷ ボビンをかまに入れる。（かま）

❸ 糸をAのみぞにかけた後、Bにもかける。糸のはしを15cmくらい出しておく。

3 上糸をかける
はずみ車を手前に回して天びんを上げる。1から7の順に上糸をかける。糸は15cmくらい出しておく。

4 下糸を出す

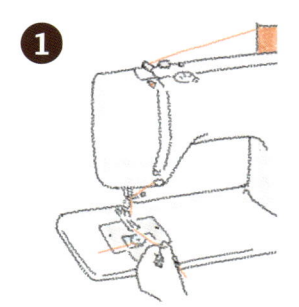

❶ おさえを上げたまま、左手で上糸を軽く持つ。

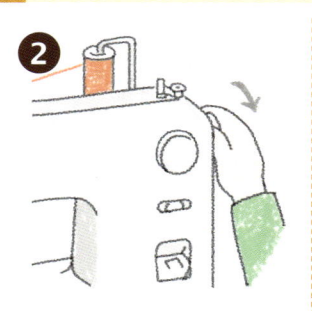

❷ 右手ではずみ車を手前にゆっくり回し、針を下ろす。

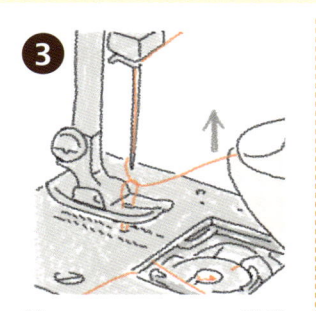

❸ 針が上がってきたら、上糸を引っ張って下糸を引き出す。

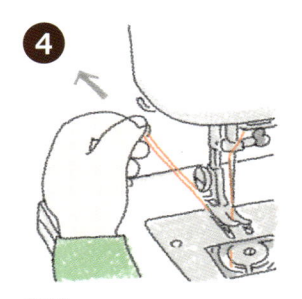

❹ 上糸と下糸をそろえ、おさえの下を通して向こう側に置く。

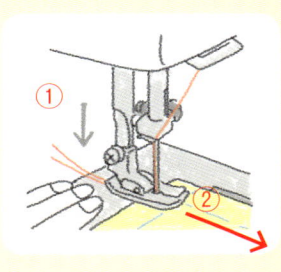

5 ぬう

ぬいはじめ
① 布をおさえの下に置く。糸と布を軽くおさえて、はずみ車を手前に回して、針をぬいはじめの位置にさす。
② おさえを下ろし、ずれないように布に手をそえてぬいはじめる。

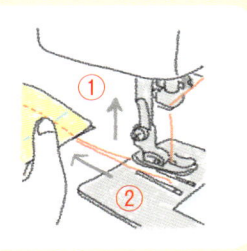

ぬい終わり
① ミシンを止める。はずみ車を回して針を上げ、次におさえも上げる。
② 布を向こう側へ引き、糸を10cmくらい残して切る。

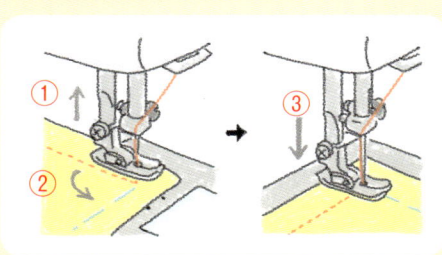

方向をかえる
① 針をさしたまま、おさえを上げる。
② 布を動かして、方向をかえる。
③ おさえを下ろす。

これも覚えておこう

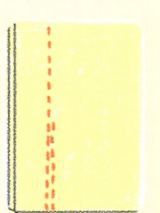

返しぬい
ぬいはじめやぬい終わり、じょうぶにしたいところには、返しぬいをする。返しぬいレバーを使うか、針をさしたまま、布を反対向きにして、1.5cm〜2cmぬう。

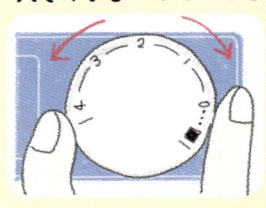

ぬい目の大きさをかえる
大きくなる　小さくなる
送り調節ダイヤルは、数字を大きくすると、ぬい目が大きくなる。

難易度 ☆

かえるとあひるの デコデコケース

かえるやあひるがのった
キュートなデコケース。接着ざいや両面テープで、
布とフリルテープとマスコットをつけるだけ。
初心者でも簡単にかわいいケースを
つくれます。

A

B

24

15

A

材料

1. プラスチックケース（ふたつき）
   ※写真では、高さ5.5cm、直径9cmのものを使っています。
2. プリント生地（数字の15） 適量
3. フリルテープ（はば2cm／星） 31cm
4. マスコット（かえる）

B

材料

1. プラスチックケース（ふたつき）
   ※写真では、高さ11cm、直径9cmのものを使っています。
2. プリント生地（数字の24） 適量
3. フリルテープ（はば2cm／水玉） 31cm
4. マスコット（あひる）

道具 はさみ　両面テープ（はば5mm）　接着ざい

A・B共通のつくり方

1 プリント生地の使いたいがらの部分を少し大きめに切りとる。

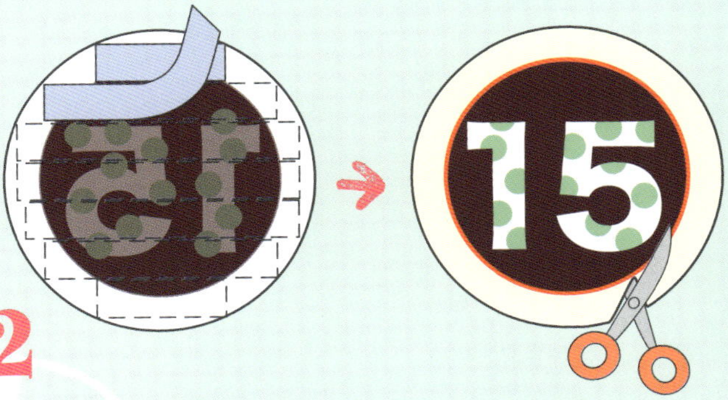

2 1の裏面全体に両面テープをつけ、がらに沿ってはさみで切る。

3 2をプラスチックケースにはる。

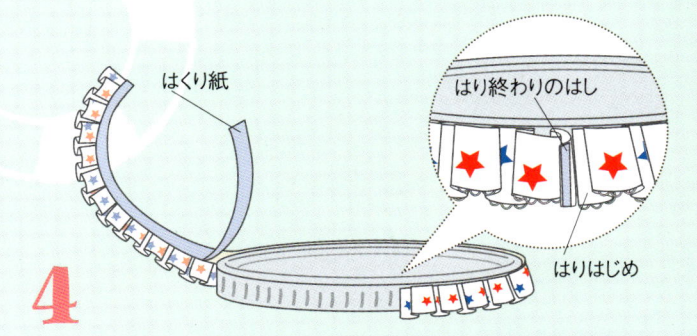

4 フリルテープの上の部分に両面テープをはる。少しずつはくり紙をはがしながら、ふたの周囲にはる。はり終わりのはしに両面テープを図のようにつけ、はりはじめの部分とはり合わせる。

5 ふたの上部の真ん中にマスコットを接着ざいでつける。

難易度 ★

ポンポンと羽根の ふわふわリース

ポンポンと羽根をいっぱいつけた、ぬくもりあるリース。お部屋の一角をリースでかわいくデコってみては。いつものインテリアにいろどりがプラスされ、お部屋のふん囲気がかわりますよ。

材料

1. リースの土台（直径20cm）
2. ポンポン（直径2.5cm／白） 5個
3. ポンポン（直径2.5cm／水色） 5個
4. ポンポン（直径3cm／こいむらさき） 9個
5. ポンポン（直径3cm／ピンク） 8個
6. リボン（はば2cm／銀） 1m
7. 羽根（うすむらさき） 適量
8. 毛糸（かざりつき／白） 1m50cm
9. ワイヤー（太さ約8mm／白） 2m84cm

道具

はさみ
ラジオペンチ
接着ざい

1 リースの土台に、図のように毛糸をからめていく。最初と最後の部分は、リースの裏にかくして留める。

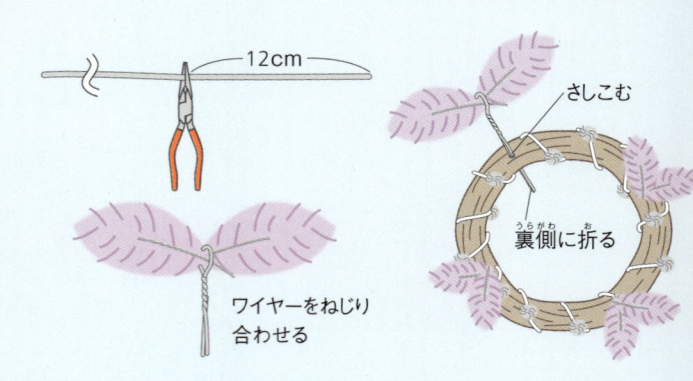

2 ワイヤーを12cmくらいに切り、羽根に図のように巻きつける。同じものを4個つくる。1のリースにワイヤーをさしこんで留める。

3 白のポンポンに接着ざいをつけ、バランスよくリースにつける。水色のポンポンも同じように、接着ざいをつけてバランスよくつける。

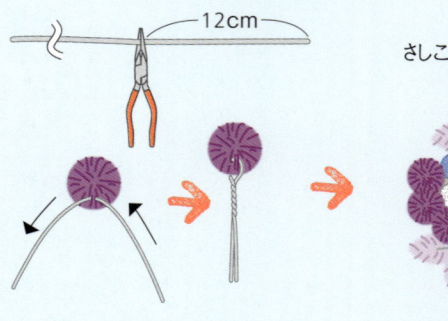

4 ワイヤーを12cmくらいに切り、こいむらさきのポンポンに巻きつける。同じものを9個つくる。ピンクのポンポン8個も同じようにつくる。すべて3のリースにさしこんで留める。

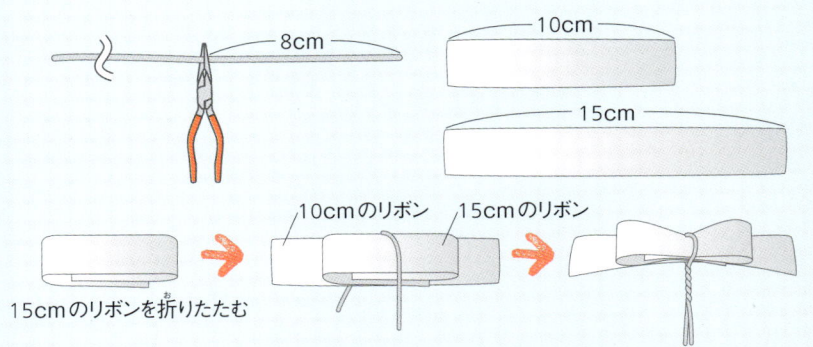

5 リボンを10cmと15cmに切る。15cmのリボンを図のように折りたたみ、10cmのリボンと中心を合わせ、真ん中を8cmに切ったワイヤーで巻き留める。同じものを4つつくる。

6 ポンポンと羽根のすき間にリボンをさしこんで完成。

難易度 ★★

型紙 P.39

夢心地、羊が1ぴき まくらカバー

いい夢が見られそうな、羊模様のまくらカバー。フェルトでデコるだけで、かわいいカバーができあがります。いろいろな色やがらのカバーに羊をつけて、家族みんなでおそろいにしてみる?!

材料

1 まくら (43cm×63cm)
2 まくらカバー (43cm×63cm／茶と白のチェック)
3 フェルト (ベージュ)　　10cm×15cm
4 フェルト (グレー)　　　30cm×30cm
5 アイロン両面接着シート
　　　　　　　　　　　　30cm×30cm
6 ししゅう糸 (こげ茶)　　適量
　手ぬい糸 (ベージュ)　　適量

道具

チャコペン　はさみ　アイロン
ししゅう針　ぬい針

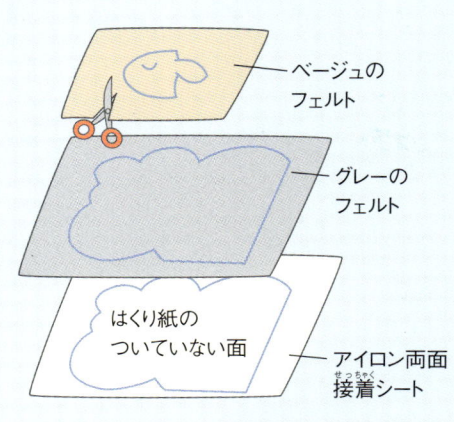

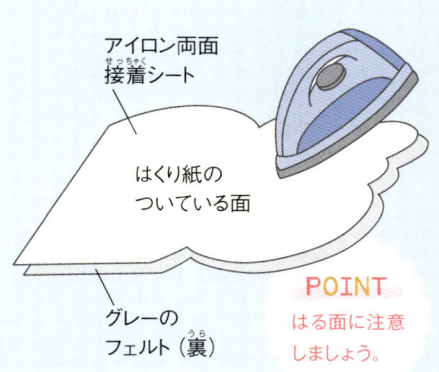

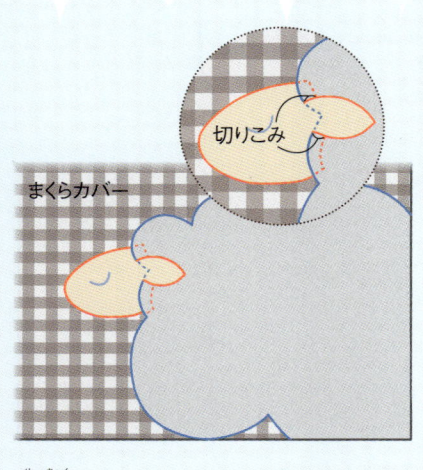

1 ベージュとグレーのフェルトとアイロン両面接着シートに、チャコペンで型紙を写して切る。ベージュのフェルトには目の位置をかいておく。

- ベージュのフェルト
- グレーのフェルト
- はくり紙のついていない面
- アイロン両面接着シート

2 グレーのフェルトの裏面に、アイロン両面接着シートをアイロンではる。

- アイロン両面接着シート
- はくり紙のついている面
- グレーのフェルト（裏）

POINT はる面に注意しましょう。

3 接着シートのはくり紙をはがして、まくらカバーの右下にグレーのフェルトのはしを合わせて置く。ベージュのフェルトの切りこみを、図のようにさしこむ。

- まくらカバー
- 切りこみ

4 3をアイロンでしっかり接着する。

5 グレーの体の部分のまわりを、こげ茶のししゅう糸3本どりでブランケットステッチする。

6 顔の部分は、ベージュの手ぬい糸で布のはしとぬい目が垂直になるようにまつりぬい（たてまつり）する。

7 目をこげ茶のししゅう糸3本どりでアウトラインステッチする。

ブランケットステッチの手順

① 裏から針を入れて①から出す。ななめ下の②に入れ、③から出す。このとき、針先に糸をかけておく。

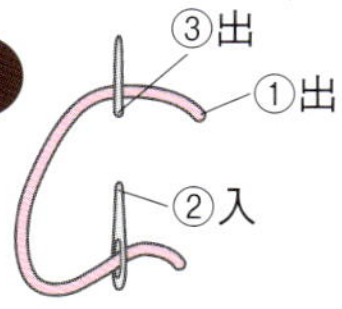

② これをくり返す。

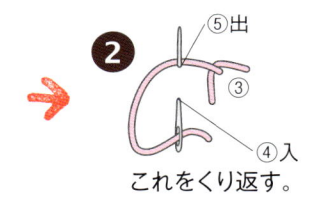

アウトラインステッチの手順

① 裏から針を入れて①から出し、ななめ下の②に針を入れ、③へ出す。

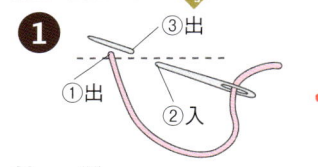

② ④の位置に針を入れ、⑤へ出す。

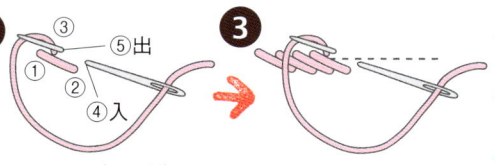

③ これをくり返す。

お部屋デコが楽しめる
ことりのつるしかざり

型紙 P.39

色とりどりのことりがゆれるポップなかざり。カラフルなフェルトやボタンを使うと、インテリアのアクセントになること、まちがいなし！ かわいいかざりでお部屋デコを楽しみましょう。

難易度 ★★

材料　（ことりの数・大きさは好みで）

◆ **ことり大 1個あたり**

1	フェルト（本体用）	15cm×12cm
1・2	フェルトまたは綿の布（羽用）	3cm×6cm

◆ **ことり小 1個あたり**

1	フェルト（本体用）	10cm×8cm
1・2	フェルトまたは綿の布（羽用）	3cm×4cm

◆ **つるしかざり全体**

3	ボタン（ことりの目用、かざり用）	適量
4	スパンコール（花や星の形）	適量
5	ひも（麻／太さ1mm／黄緑）	80cm 3本
6	綿	適量
7	木のビーズ	3個
	手ぬい糸	適量

道具

チャコペン　はさみ　ぬい針　まち針
接着ざい　毛糸針

ことりをつくる

1 フェルトの上に型紙を置き、チャコペンで本体2枚と羽1枚の形を写す。

2 はさみでフェルトを切り、本体のフェルト（1枚）に目となるボタンをつける。

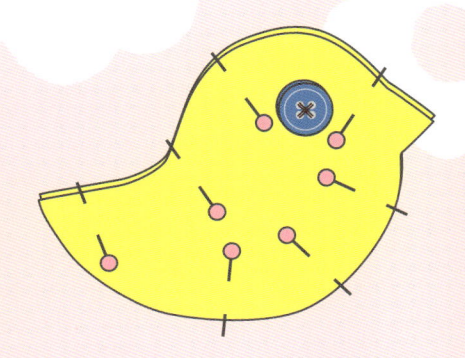

3 本体のフェルトを2枚重ね合わせ、まち針で周囲を留める。

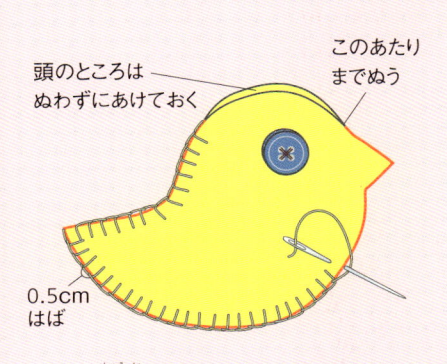

4 周囲をブランケットステッチでぬっていく。

- 頭のところはぬわずにあけておく
- このあたりまでぬう
- 0.5cmはば

ブランケットステッチの手順

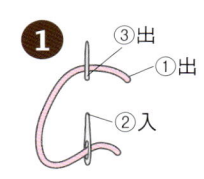

❶ 裏から針を入れて①から出す。ななめ下の②に入れ、③から出す。このとき、針先に糸をかけておく。
- ③出
- ①出
- ②入

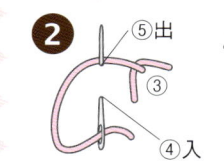

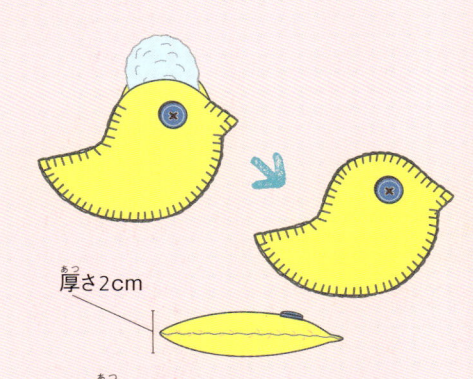

❷ これをくり返す。
- ⑤出
- ③
- ④入

5 厚さが2cmくらいになるように、綿を中につめる。綿をつめたら、残りの部分をぬう。
- 厚さ2cm

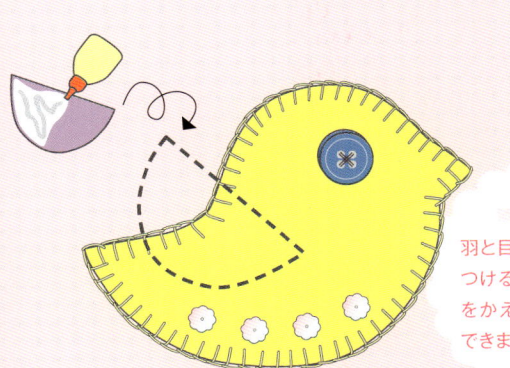

6 羽の裏に接着ざいをつけ、本体にはる。好みでスパンコールをつける。

POINT 羽と目を反対側の面につけると、ことりの向きをかえてつるすことができます。

ことりをつなげる

7 1〜6の手順で大小のことりをつくる。毛糸針を使って、ひもをことりとボタンに通し、最後に木のビーズをつけて完成。

難易度 ☆☆

さき布を編んでつくるコースターと
ミニランチョンマット。好きな色や模様の布を
用意して、とっておきの1枚をつくって
みましょう。長いさき布を用意すれば、
より大きなサイズのものも
つくれますよ。

うきうきコースター＆ミニランチョンマット

型紙 P.39

A

材料

1. 布（赤に白の水玉、いちごがら） 適量
   ※はば1cmで、2〜2.5mのさき布にします（布のさき方はP.38）。
2. 下糸用の毛糸（並太／白） 約2.5m
3. 厚紙または段ボール 20cm×20cm

道具 ものさし　はさみ　毛糸針

B　A

A うきうきコースター

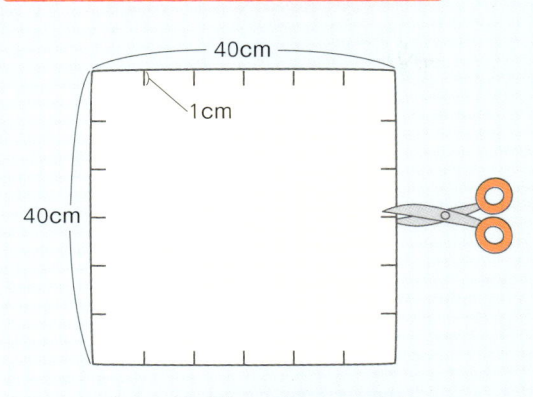

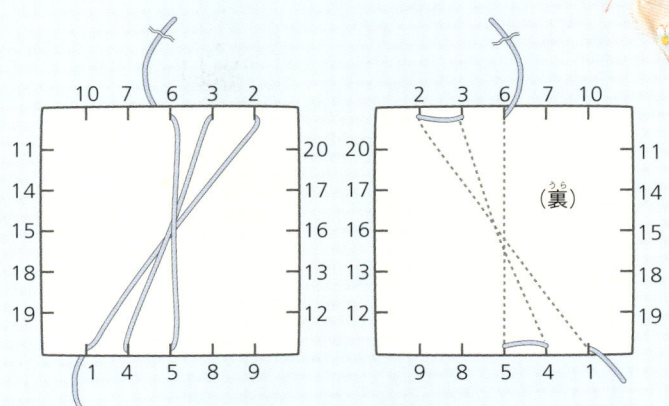

1 台紙となる厚紙の4辺に、同じ間隔で1cmの切りこみを5つずつ入れる。

2 図のように、毛糸を数字の順番にかける。次の数字がとなりにある場合は、裏からかける。これが下糸になる。

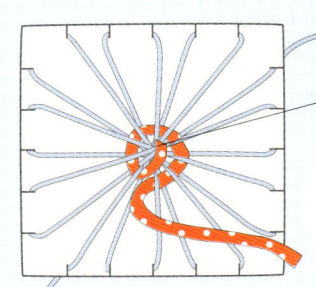

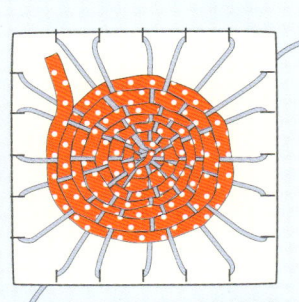

3 布を1cmはばにさく(P.38)。毛糸針にさき布を通し、図のように下糸の下、上、下、上と交互に通しながら1周編む。

さき布のはしを5cmくらい残すと、下糸からぬけないので編みやすい

POINT
あまりきつく編まずに、少しゆるめにしましょう!

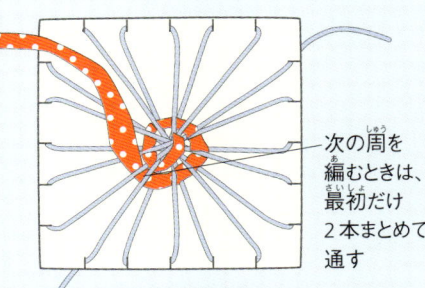

4 2周目以降も、3と同じように編んでいく。次の周を編むときは、最初だけ下糸を2本まとめて通す。
※最初に2本をまとめて通すと、前の段とたがいちがいに編めるようになります。

次の周を編むときは、最初だけ2本まとめて通す

5 8周までさき布を編む。

固結びの手順

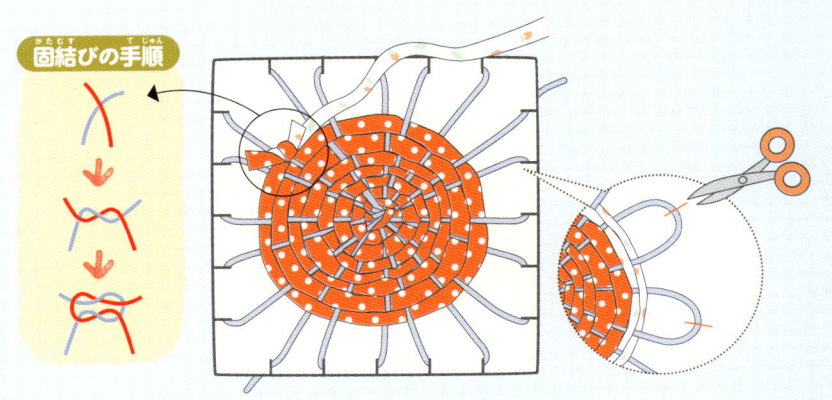

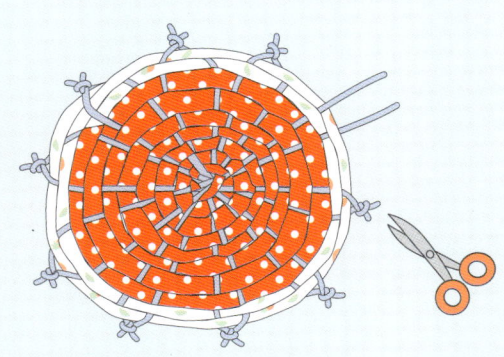

6 5のさき布のはしに別のがらのさき布を固結びし、もう2周編んでいく。下糸を台紙から切りはなす。この後、下糸を結ぶので、できるだけ長めに残して切る。

7 下糸のとなり同士を固結びする。下糸とさき布の余分な部分を切り、完成。

材料

1. 布（赤に白の水玉、いちごがら） 適量
   ※はば1cmで、5.5〜6mのさき布にします（布のさき方はP.38）。
2. 下糸用の毛糸（並太／白） 約3m
3. 段ボールまたは厚紙 21cm×16cm
4. かざり用の毛糸（白） 適量

道具
ものさし　はさみ　シャトル

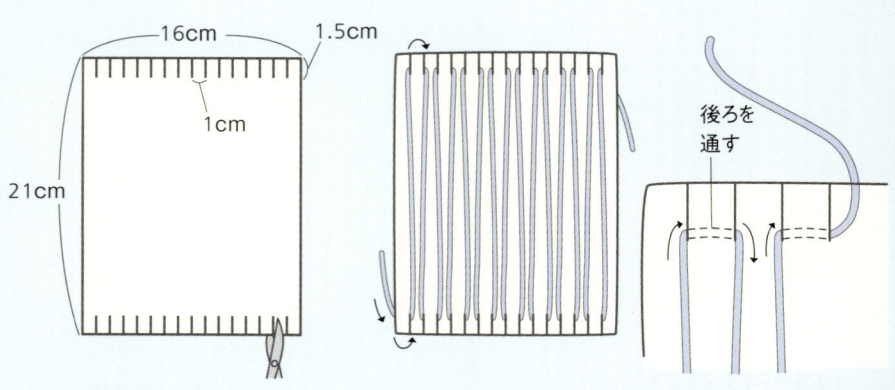

B ミニランチョンマット

1 台紙となる段ボールの上下に1cm間隔で1.5cmの切りこみを入れる。

2 図のように毛糸をかける。これがの下糸になる。

後ろを通す

3 さき布をシャトルに巻く。
※シャトルは、段ボールや厚紙を切ってつくります（型紙はP.39）。

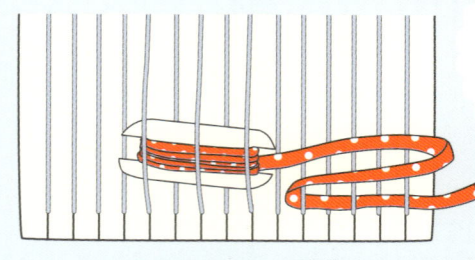

4 下糸の下、上、下、上と交互に通しながら1段編む。

POINT
あまりきつく編まずに、少しゆるめにしましょう！

※イラストは、わかりやすいようにシャトルを小さくしています。

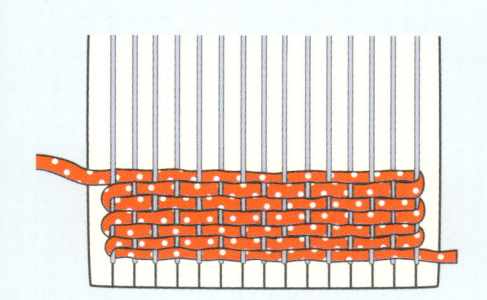

5 2段目以降も、4と同じように編んでいく。前の段でさき布が下糸の下を通っていたら、次の段では下糸の上を通るようにする。さき布にべつのがらのさき布をつなぐときにはAの6と同じようにする。

6 最後まで編んだら、台紙を外す。さき布を下糸の上下の先までおし広げるようにして、形を整える。下糸の両はしを編み目にからませて、処理する。

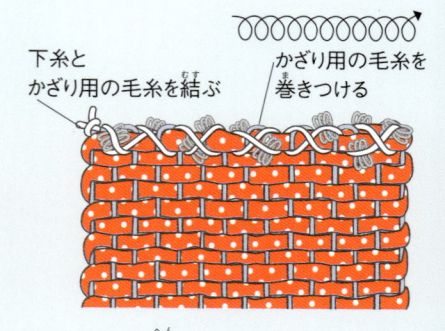

7 短い辺にかざり用の毛糸を図のように巻く。毛糸のはしを結んで、余った毛糸を切る。反対の辺も同じようにして完成。

下糸とかざり用の毛糸を結ぶ
かざり用の毛糸を巻きつける

難易度 ★★★

ビーズつき ワイヤー フォトフレーム

まわりにビーズをあしらったフォトフレーム。くるくると巻きつけたワイヤーがやわらかく優しい印象です。お気に入りの写真をかざってみてはいかがでしょう。

材料

1. ワイヤー（太さ3.2mm／白）1m67cm
2. ワイヤー（太さ2mm／白）2m80cm
3. ワイヤー（太さ1.6mm／白）70cm
4. ワイヤー（太さ0.9mm／銀）10cm
5. ビーズ（丸や花など好きな形）40個
6. 厚紙　※フェルトのサイズに応じて用意する。
7. フェルト　9cm×11.5cm
8. 木のクリップ

道具
ものさし　ラジオペンチ　接着ざい

わくと台をつくる

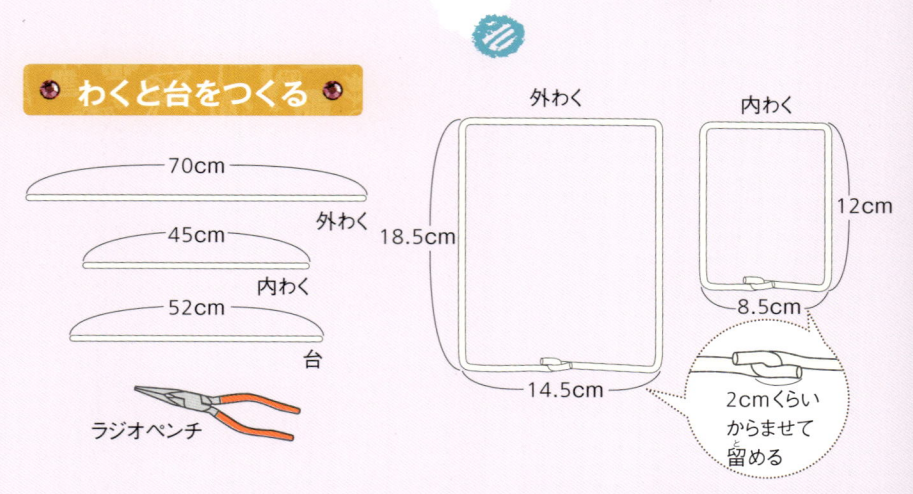

1 太さ3.2mmのワイヤーを70cm（外わく）、45cm（内わく）、52cm（台）にラジオペンチで切る。

2 ラジオペンチで図のようにワイヤーを曲げて、それぞれ形をつくる。外わくと内わくは、ワイヤーのはじめと終わりを図のように2cmくらい曲げ、からませて留める。

2cmくらいからませて留める

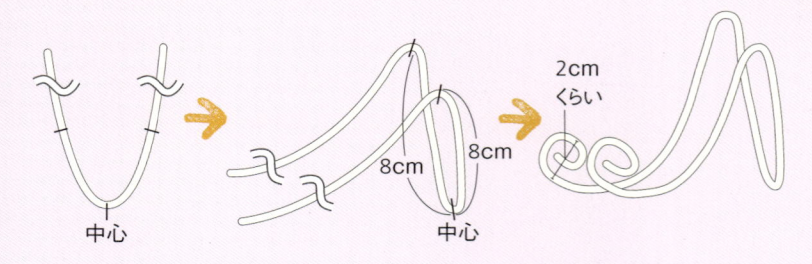

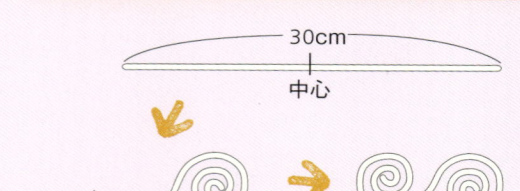

3 台は、中心（26cm）でUの字の形に曲げる。さらに中心から8cmのところを図のように折る。左右のワイヤーの先を2cmくらいの大きさのうず巻きにする。

うず巻きのかざりをつくる

4 30cmに切った太さ2mmのワイヤーを4本用意する。まずワイヤーの半分でうず巻きをつくり、その後、残り半分で逆向きのうず巻きをつくる。残り3本も同じようにする。

わくにかざりをつけていく

5 太さ2mmのワイヤーから40cmを2本、22cmを2本用意し、外わくと内わくにうず巻きのかざりを巻きつけていく。反対側も同じようにつける。

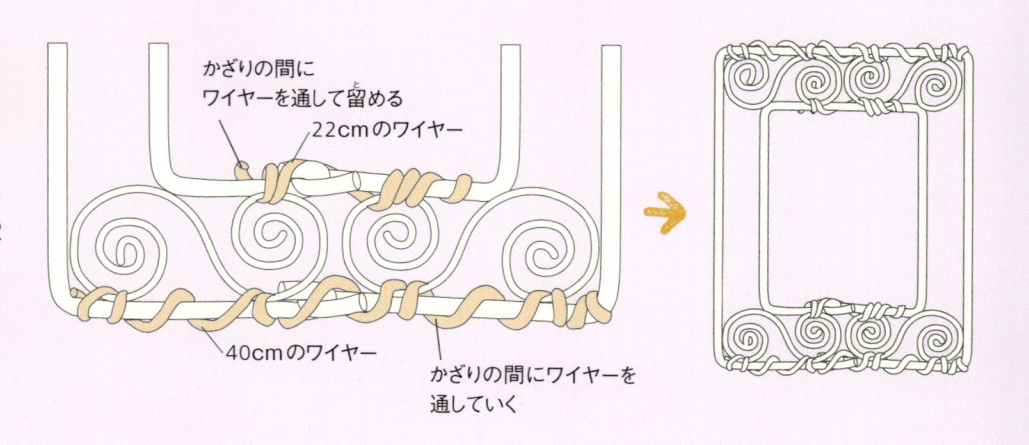

かざりの間にワイヤーを通して留める
22cmのワイヤー
40cmのワイヤー
かざりの間にワイヤーを通していく

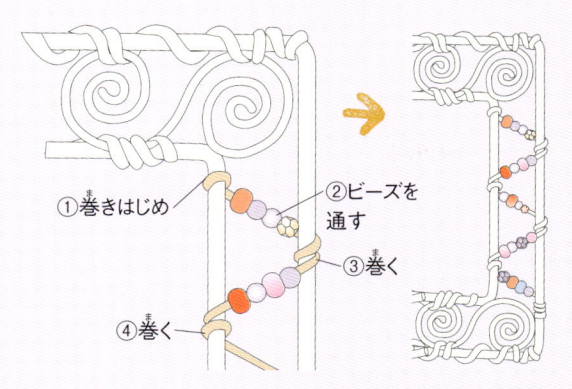

強度を上げて完成させる

6 太さ1.6mmのワイヤーを半分に切る。1本を図のように内わくに巻き留め、ビーズを4つ通して外わくへ巻く。これをくり返して、図のようにビーズをかざりつける。反対側も同じようにする。

① 巻きはじめ
② ビーズを通す
③ 巻く
④ 巻く

7 太さ2mmのワイヤーを18cmに2本切る。強度を上げるために、内わくに2本のワイヤーを「×」の形に交差させて留める。

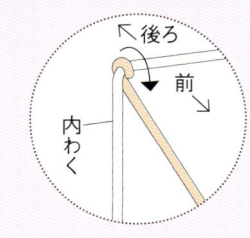

後ろ／前／内わく

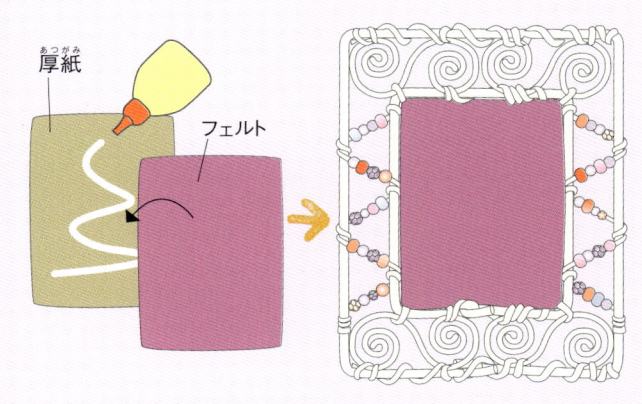

8 厚紙をフェルトと同じ大きさに切る。フェルトに厚紙をはり、交差させたワイヤーと内わくの間にはさむ。

厚紙／フェルト

9 木のクリップに太さ0.9mmのワイヤーを巻き留める。フレームの上にクリップのワイヤーを巻きつけ、台に立てかけて完成。

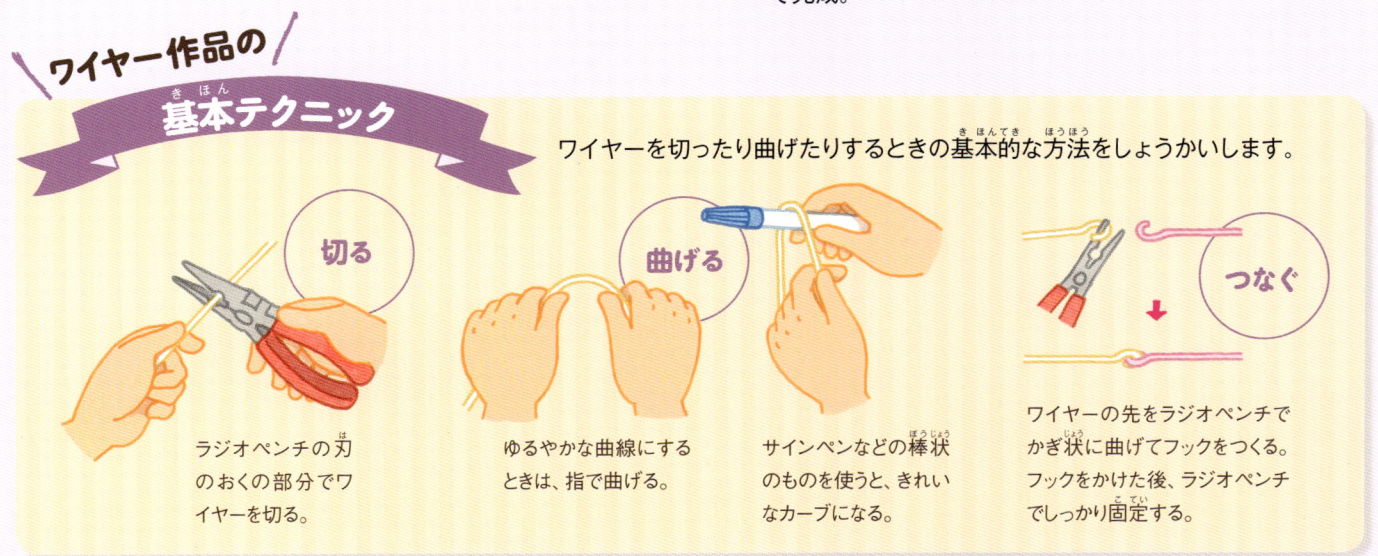

ワイヤー作品の基本テクニック

ワイヤーを切ったり曲げたりするときの基本的な方法をしょうかいします。

切る ラジオペンチの刃のおくの部分でワイヤーを切る。

曲げる ゆるやかな曲線にするときは、指で曲げる。サインペンなどの棒状のものを使うと、きれいなカーブになる。

つなぐ ワイヤーの先をラジオペンチでかぎ状に曲げてフックをつくる。フックをかけた後、ラジオペンチでしっかり固定する。

23

難易度 ★★★

毛糸玉や小物、フルーツなど、いろいろなものを入れておける、便利なバスケット。インテリアのアクセントになるから、自分の部屋だけでなく、リビングやげん関にも置いて、すてきな空間を演出しましょう。

シンプルなワイヤーバスケット

土台をつくる

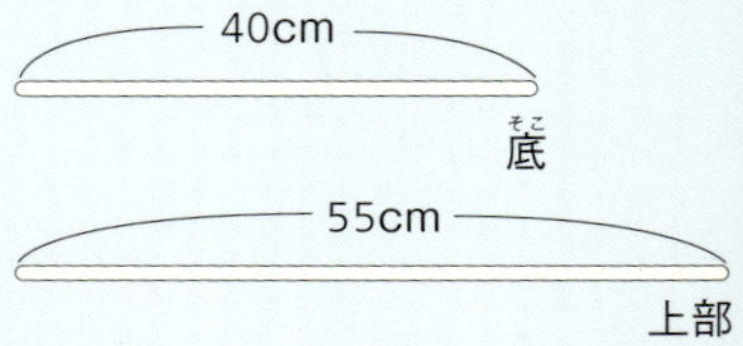

1
- 40cm 底
- 55cm 上部

太さ3.2mmのワイヤーを、底用の40cm、上部用の55cmにラジオペンチで切る（ワイヤーのあつかい方はP.23）。

バスケットの形に組み立てていく

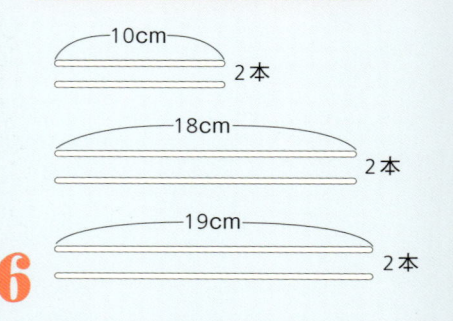

6
- 10cm 2本
- 18cm 2本
- 19cm 2本

太さ2mmのワイヤーを、10cmに2本、18cmに2本、19cmに2本切る。

材料

1 ワイヤー（太さ3.2mm／白） 95cm
2 ワイヤー（太さ2mm／白） 3m56cm
3 ワイヤー（太さ1.6mm／白） 78cm
4 ビーズ （丸や花など好きな形） 24個

道具
ものさし　ラジオペンチ

2
上部のだ円
底のだ円

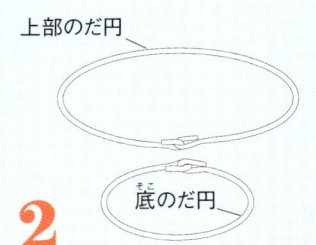

それぞれのワイヤーをだ円形にする。両はしを2cmくらい図のように曲げ、からませて留める。

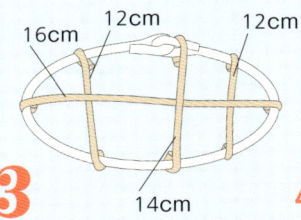

3
16cm 12cm 12cm
14cm

太さ2mmのワイヤーを16cmに1本、14cmに1本、12cmに2本切る。図のように底のだ円に留める。

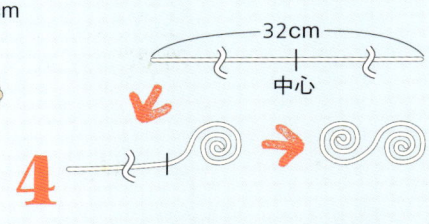

4
32cm 中心

太さ2mmのワイヤーを32cmに2本切る。まずワイヤーの半分でうず巻きをつくり、その後、残り半分で逆向きのうず巻きをつくる。もう1本も同じようにする。

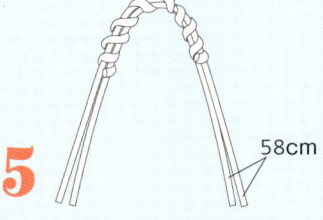

持ち手をつくる

5
58cm

太さ2mmのワイヤーを58cmに2本、28cmに1本切る。58cmの2本のワイヤーを28cmのワイヤーで図のように巻き留める。

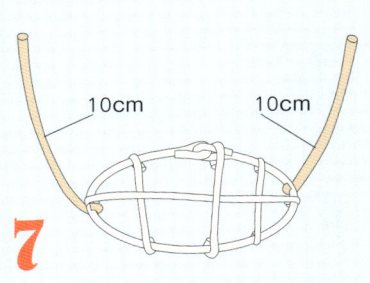

7
10cm　10cm

3の底のだ円の左右に10cmのワイヤーをそれぞれ巻き留める。

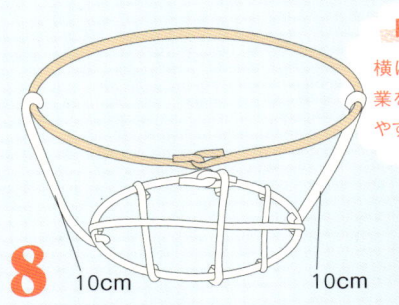

8
10cm　10cm

7のワイヤーのはしを、2の上部のだ円に巻き留める。

POINT
横にたおして作業をすると、やりやすくなります。

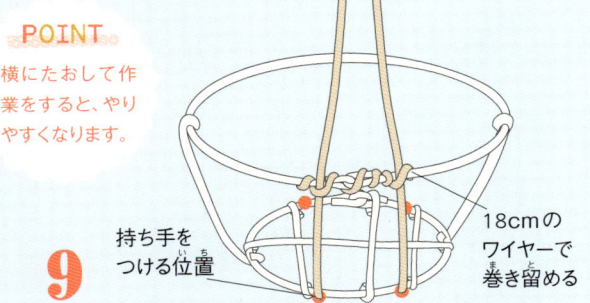

9
持ち手をつける位置
18cmのワイヤーで巻き留める

5の持ち手を底に巻き留め、6の18cmのワイヤーで上部のだ円に巻き留める。反対のはしも同じようにする。

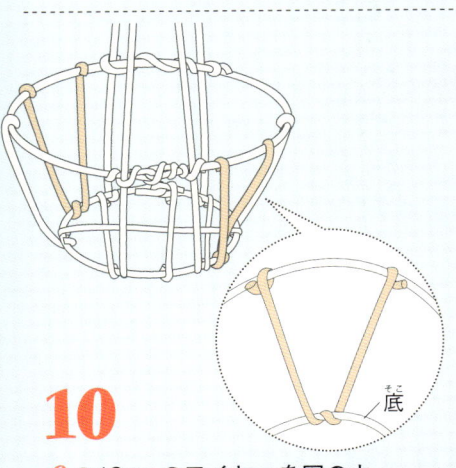

10
底

6の19cmのワイヤーを図のようにつける。

かざりをつける

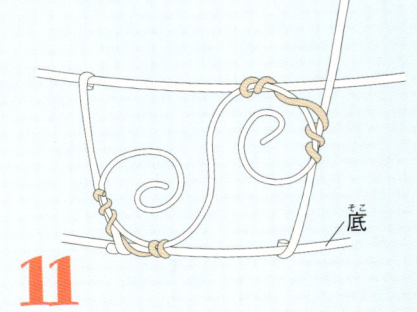

11
底

太さ1.6mmのワイヤーを7cmに4本切る。4のうず巻きのかざりを図のように配置して、巻き留める。反対も同じようにする。

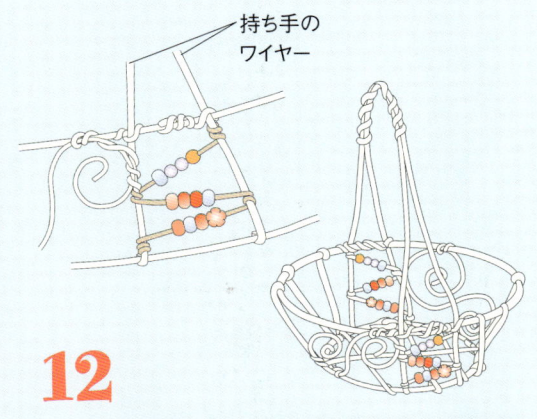

12
持ち手のワイヤー

太さ1.6mmのワイヤーを25cmに2本切る。図のように、25cmのワイヤーを2本の持ち手に巻きつけてビーズを通す。反対も同じようにする。

25

難易度
★★★

ピンクのふたつきお道具箱

筆記用具やシールを入れたり、おさいほう道具を入れたり、いろいろな使い方が楽しめるお道具箱。難易度3の作品ですが、できたときの喜びは大きいはず！ぜひチャレンジしてみましょう。

ミシン

材料

1. 本体用の布（帆布11号※／ピンク） 38cm×38cm
2. 裏地用の布（ピンクのストライプ） 38cm×38cm
3. ふた用の布（水玉） 26cm×26cm
4. 接着キルトしん 13cm×26cm
5. リボン（はば1cm／ピンク） 16cm 4本
6. かざり用のボタン 3個

ミシン糸、手ぬい糸 各適量

道具

ものさし　まち針
チャコペン　ミシン
アイロン　はさみ
ぬい針

※帆布は帆船の帆に使うための厚くてじょうぶな布。1～11号まで号数があり、号数が大きいほど布がうすい。

本体と裏地をつくる

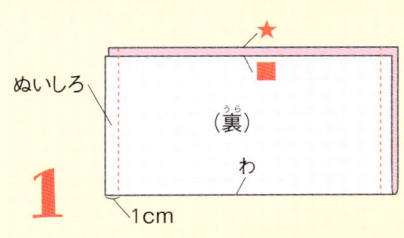

1 本体用の布を表を内側にして半分に折り、まち針で留める。1cmのぬいしろをとり、チャコペンで両わきに線を引き、ミシンでぬう。

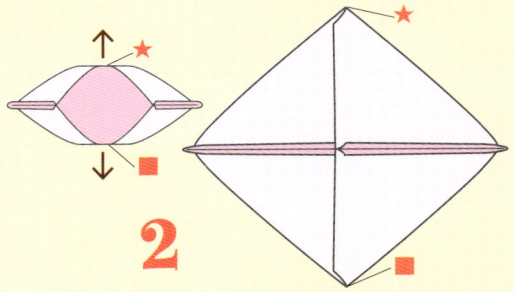

2 1の★と■を開いて、図のように折る。

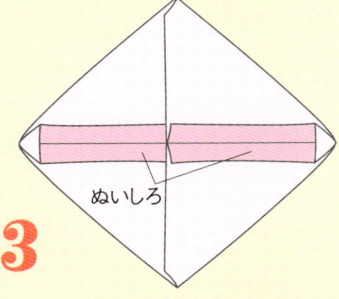

3 ぬいしろをアイロンで広げる。

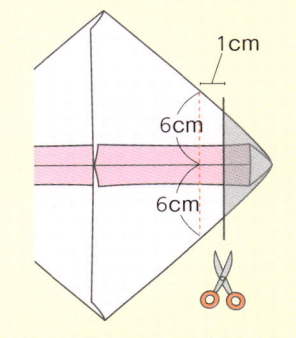

4 中心からはば6cmになるところを探してチャコペンで線を引き、ミシンでぬう。1cmを残して、余分なところは切り落とす。

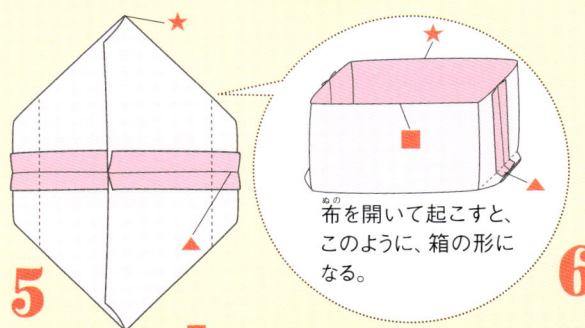

5 反対側も同じようにする。

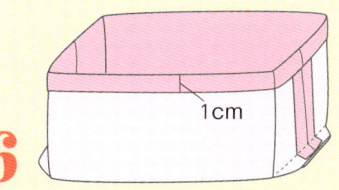

布を開いて起こすと、このように、箱の形になる。

6 口の部分を1cm折り返し、アイロンをかける。箱が立ち上がるように、アイロンで形を整える。

7 裏地も、1～6の手順でつくる。

本体と裏地を合わせる

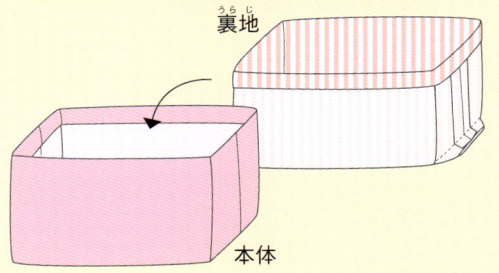

8 本体を表に返す。裏地を本体の中に入れる。

9

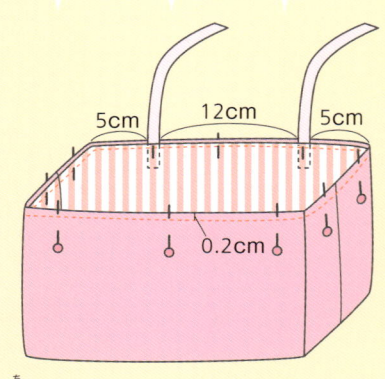

図の位置にリボンをはさみ、箱の口をぐるりと1周まち針で留める。ふちから0.2cmのところをミシンでぬう。

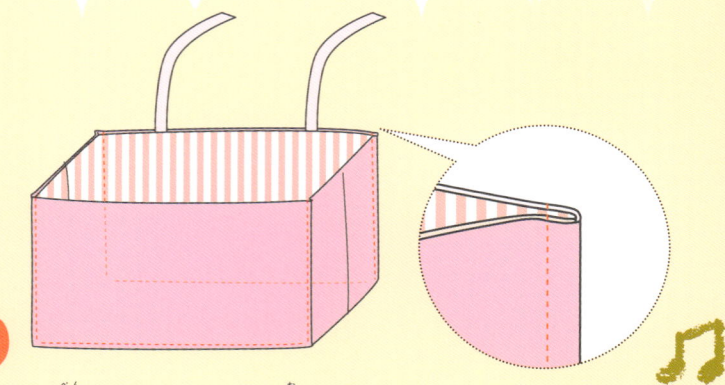

10

広い面の3辺のはしを、それぞれ折ってミシンでぬい、角をつくる。反対側も同じようにして、全部で6辺ぬう。

ふたをつくる

11

ふた用の布の裏側半分に、接着キルトしんをアイロンではる。チャコペンでぬいしろ1cmのぬい線を引いておく。

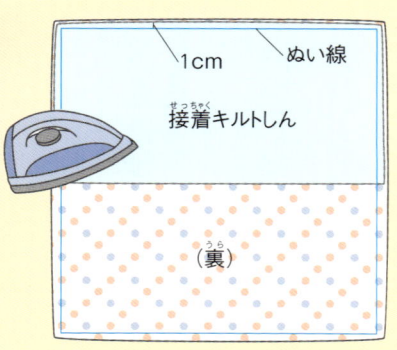

12

11を、表を内側にして半分に折る。図の位置にリボンをはさんで、まち針で留める。

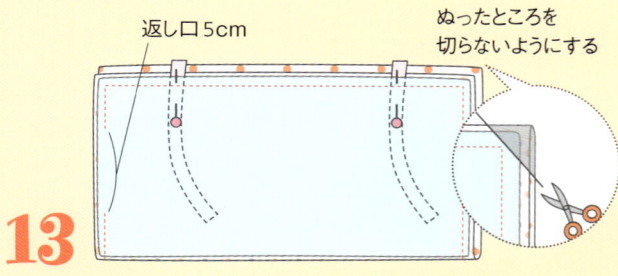

13

返し口を5cm残して、ミシンでぬう。四すみを少し切り落とす。

14

返し口から布をひっくり返して表が外側になるようにし、返し口を「コの字とじ」でぬいとじる。

15

本体とふた、合わせて4本のリボンのはしを、小さく三つ折りにし、まつりぬいする。

仕上げる

16

かざりボタンをぬいつける。

17

本体とふたのリボンを結んで、できあがり。

難易度 ★★

カーディガンを着た もこふわクッション

ミシン　型紙 P.30

小さくなって着られなくなった カーディガンでつくるクッションカバー。 昔、お気に入りだった服は、リメイクして、 そばにずっと置いておきましょう。 寒い冬にあると、お部屋があたたかい ふん囲気になりますよ。

材料
1. カーディガン（ウール80〜100％）
2. クッション（25cm角）
3. 毛糸（並太／白）　適量
   ミシン糸　適量

道具
ものさし　はさみ　毛糸針　まち針
ミシン

70〜80％に縮ませる

POINT
しっかり縮んでフェルト化すると、はさみで切ってもほつれません。

ボタンをはめたまま正方形に切りとる

ハート形

もう1枚、背中側からも正方形に切りとる

1 カーディガンを洗ってフェルト化させる（P.31）。もとの大きさの70〜80％くらいになるまで洗たくをくり返す。

POINT
ウールがフェルト化するとき、そでなどがくっついてしまうことがあります。ときどき確認して、くっついていたらはがしましょう。

2 カーディガンから、27cmの正方形を2枚切りとる。ハート形の型紙を使って、好きなところからハート形を1枚切りとる。

1cm

3 毛糸針に毛糸を通す。背中側（ボタンのないほう）の正方形の中心に、ハート形を毛糸でまつりぬいでぬいつける。

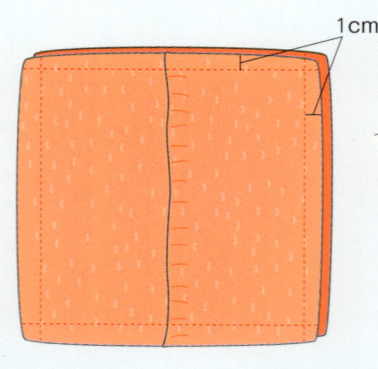

4 2枚の正方形を、表を内側にして合わせ、まち針で留める。4辺をぬいしろ1cmでミシンでぬう。ぬい終わったらボタンをあけて、表に返す。

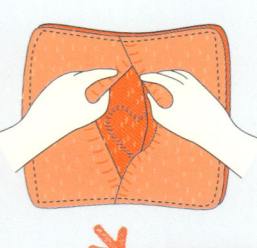

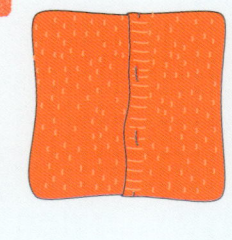

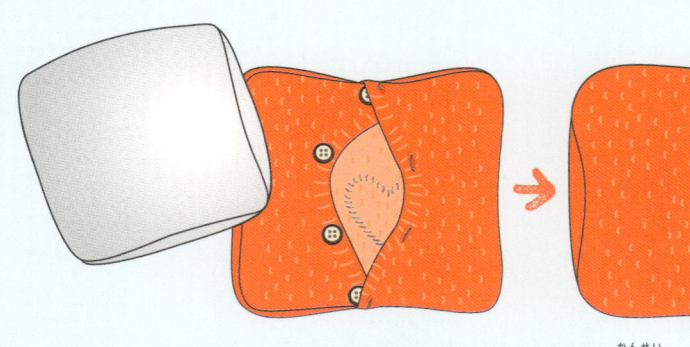

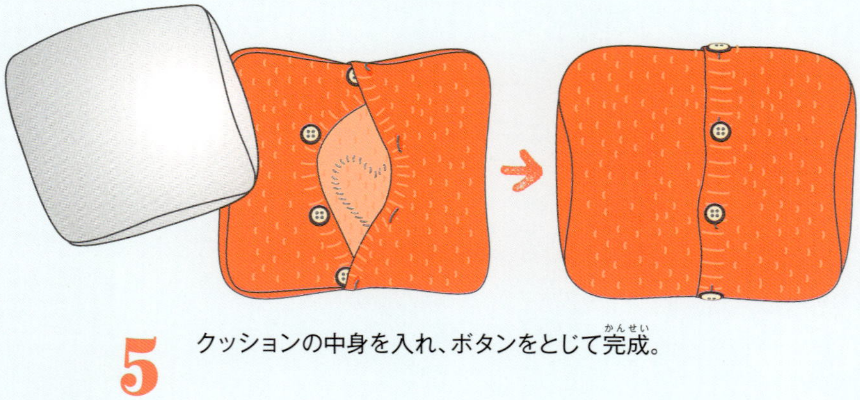

5 クッションの中身を入れ、ボタンをとじて完成。

型紙
200％に拡大する

ウール製品の フェルト化を知ろう

カーディガンなどのウール製品のフェルト化について、くわしくしょうかいします。

ウール製品のフェルト化ってどういうこと？

ウールのせんいどうしがからまり合って、縮んでかたまった状態になることを「フェルト化」といいます。まちがえてウールのセーターを洗たく機で洗うと、縮んでしまいますが、それはこの「フェルト化」が起きたということなのです。

ウール製品のフェルト化の方法はほかにもあるの？

手で洗うだけでなく、洗たく機で洗ってフェルト化させることもできます。

ポイント

1 動物性のせんい80％以上のウール製品を使うと、うまくフェルト化します。

2 セーターの質によって、フェルトのできあがりがかわります。厚いものを使うとしっかりしたフェルトになりますが、ぬったり、穴をあけたりするときに、たいへんになることがあるので、注意しましょう。

フェルト化の手順

1 バケツに60℃くらいのお湯を入れて、洗たく洗ざいを入れる。

POINT ウール用の洗ざいは縮まないようにできているため使いません。

注意！ 必ずおうちの人とやりましょう！

2 厚手のゴム手ぶくろをつけて、セーターを洗たく液につける。編み地にまさつや刺激をあたえるように、20分くらい激しくもむ。縮まないときには、もう少し時間をかけてもむ。

POINT もみにくいときは、バケツから出して、洗面台の中などでパンをこねるようにもみます。

縮みチェック

3 もとの大きさの70〜80％くらいになったら、お湯で2〜3回すすぎ、最後に水ですすぐ。

4 洗たく機で脱水して、かんそうさせる。

※フェルト化が進まないときは、お湯を入れかえて熱くすると、フェルト化が進みやすくなる。

難易度 ★★

北欧気分の ぬくぬく タペストリー

小物を入れるポケットを
デコったタペストリー。リメイクした
セーターが、インテリアのかざりに大変身！
ポケットのサイズやつける位置をかえるなど、
デザインを自分なりに考えて
つくってもいいですね。

材料

1 セーター、カーディガン
（ウール80〜100％）　　　各1着
2 木の丸棒（太さ6mm）　　40cm
3 木のループエンド（直径15mm）　2個
4 ひも（コットン／太さ1mm／ベージュ）
　　　　　　　　　　　　65cm
ミシン糸、手ぬい糸（茶）　各適量

道具

はさみ　ミシン　ぬい針　目打ち
接着ざい

1 セーターとカーディガンを洗ってフェルト化させる（P.31）。セーターの前側と背中側をまとめて図のようにはさみで切る。

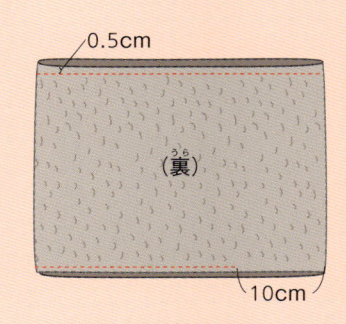

- 70～80％に縮めたニット
- 土台になる

2 裏が外側になるように返して、上下のはしをミシンでぬう。図のように返し口を10cmくらい残す。

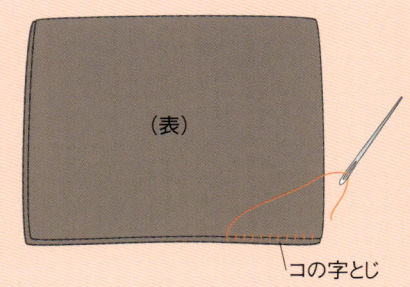

- 0.5cm
- （裏）
- 10cm

3 2の返し口から表に返して、「コの字とじ」でとじる。これが土台になる。

- （表）
- コの字とじ

4 セーターのがらの部分を切りとる。そではつつ状になるように切りとり、切ったところを裏返して、ぬってふくろ状にする。カーディガンのポケットはふくろ状のまま切りとる。

- 模様の部分をポケットの形に切りとる
- ぬう
- そで口を切りとり、裏返してひじのほうの辺をぬい、ふくろ状にして、表に返しておく
- ポケットはふくろ状のまま切りとる

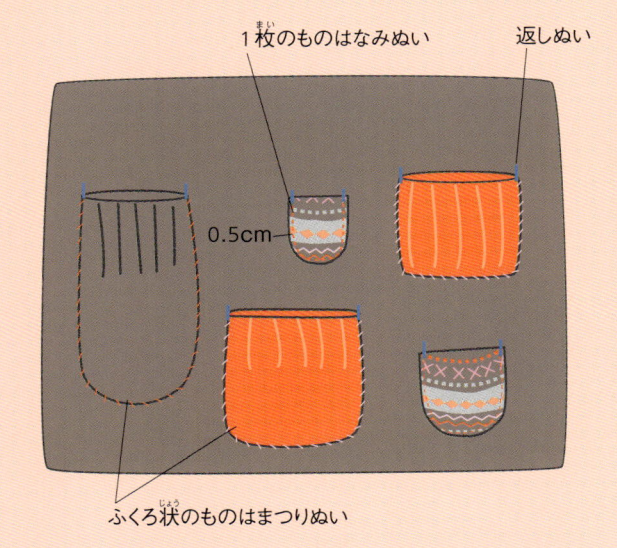

5 土台に4をぬいつける。1枚のものはぬいしろ0.5cmで細かくなみぬいする。ふくろ状のものはまつりぬいする。それぞれの口の両はしの部分は返しぬいをする。

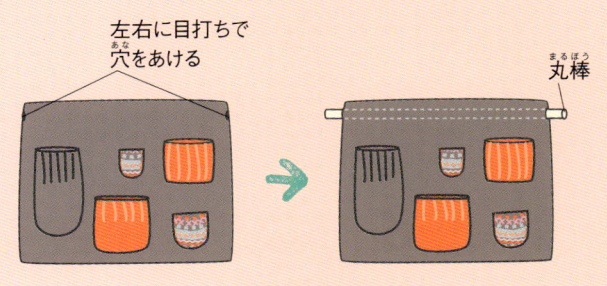

- 1枚のものはなみぬい
- 返しぬい
- 0.5cm
- ふくろ状のものはまつりぬい

6 土台の左右に目打ちで穴をあけ、丸棒を通す。

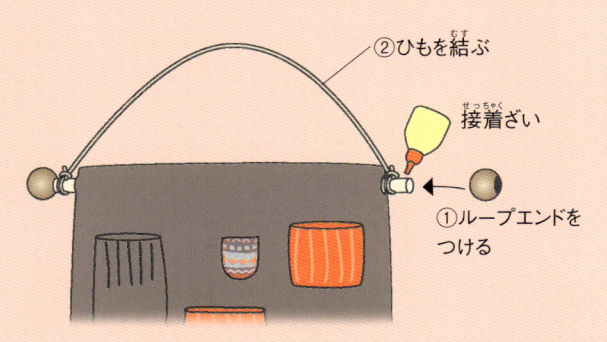

- 左右に目打ちで穴をあける
- 丸棒

7 丸棒の両はしに接着ざいをつけ、ループエンドをつける。図のようにひもを結びつけたら完成。

※土台のはばに合わせて、棒の長さをかえましょう。

- ②ひもを結ぶ
- 接着ざい
- ①ループエンドをつける

難易度 ★★☆

ぴょんぴょん うさぎのスリッパ

型紙 P.39

買ってきたスリッパにうさぎの模様をデコって、オリジナルスリッパをつくりましょう！自分なりにゴムの色やボタンの形を考えてみると、つくる楽しみも広がります。

1 スリッパにチャコペンで型紙を写す。

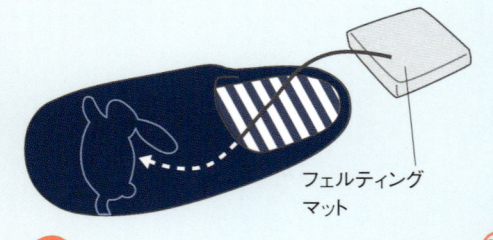

2 フェルティングマット（以下、マット）を小さく切り、うさぎのがらになる部分の下に入れる。

3 ベージュの羊毛をちぎりながら線の内側に置き、フェルティングニードル（以下、ニードル）でさして、全体に均等につけていく（P.39）。

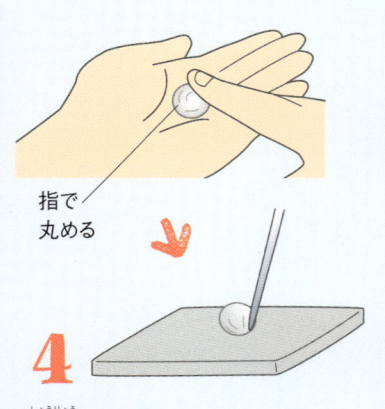

全体に均等にさしていく

指で丸める

4 少量の白い羊毛を指で丸め、マットの上でニードルで軽くさしてまとめる。

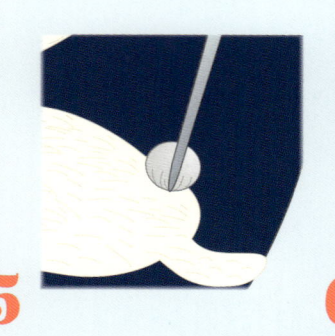

5 4をうさぎのしっぽの部分にニードルでさしてつける。

6 少量の黒い羊毛をちぎって丸め、目の位置にニードルでさしてつける。

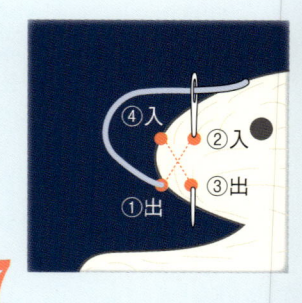

7 裏側からししゅう針を入れる。水色のししゅう糸を2本どりにして、鼻の部分を十字にししゅうする。

①出 ②入 ③出 ④入

34

材料

1. スリッパ（布製）
2. 羊毛（ベージュ） 2g弱
3. 羊毛（白、黒） 各適量
4. リボン（はば0.5cm／茶） 約20cm
5. ゴムテープ（はば1.5cm／赤） 23cm 2本
6. 木のボタン（直径2cm） 4個
7. ししゅう糸（水色） 適量
   手ぬい糸 適量

道具

チャコペン　はさみ　フェルティングマット
フェルティングニードル　ししゅう針
目打ち　毛糸針　ぬい針

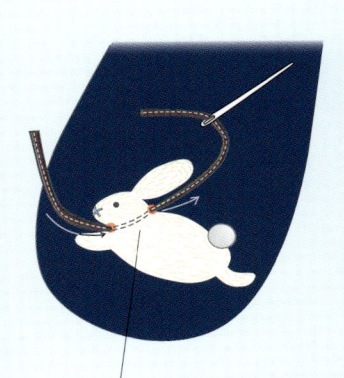

8
毛糸針で、茶色のリボンをうさぎの首の部分に通す。
※リボンを通しにくいときは目打ちで穴をあけてから通す

9
リボンを図のように首の上で「ひと結び」する。余分な部分を切る。

10
23cmの赤のゴムテープをそれぞれ図の位置に本返しぬいでぬいつけ、ゴムテープの両はしにボタンをぬいつける。

4cm　4cm

ボタンをつける

元気でポップな かざりフラッグ

難易度 ★

型紙 P.37

色とりどりの布でポップな連続旗をつくって、お部屋をデコってみませんか。1つかざるだけでも、空間がパッとはなやかな印象に早がわり。パーティーのときのデコレーションにしてもいいですよ。

材料

1 布（好みのがら／11cm×13cm）
   同じがら2枚×8セット 合計16枚
2 アイロン両面接着シート
   11cm×13cm 8枚
3 ポンポンブレード（直径1.5cmのポンポンがついたもの／水色）　1m

道具

アイロン　チャコペン　はさみ
両面テープ（はば5mm）

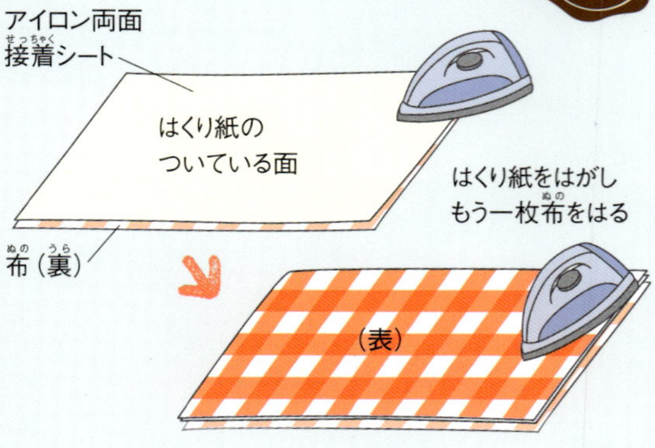

1 布の裏面に、アイロンで両面接着シートをはる。はくり紙をはがし、同じがらの布を重ねてはる。

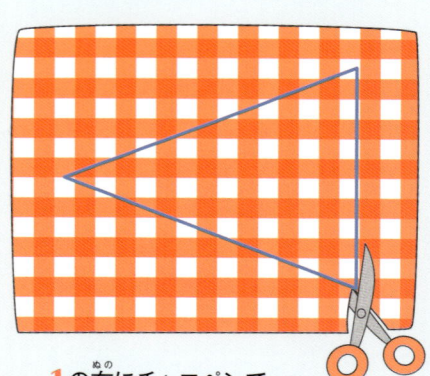

アイロン両面接着シート
はくり紙のついている面
布（裏）
はくり紙をはがしもう一枚布をはる
（表）

2 1の布にチャコペンで型紙を写し、はさみで切る。

型紙
原寸

3 ほかのがらの布も同じようにしてつくり、全部で8枚の旗を用意する。

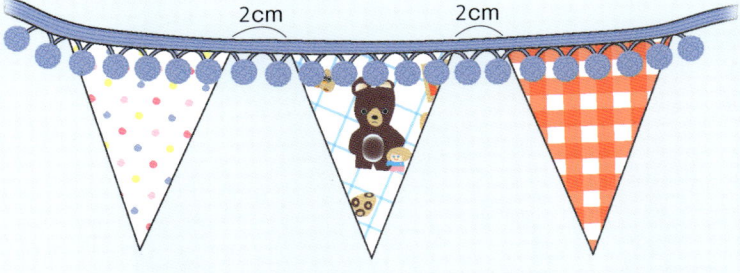

4 三角の旗の短い辺に両面テープをつける。はくり紙をはがし、旗と旗の間を2cmくらいあけて、ポンポンブレードにつけていく。

37

さき布のつくり方

「さき布」のつくり方をしょうかいします。布に切れ目を入れて手でさく方法と、はさみで切る方法があるので、やりやすいほうでつくってみましょう。

布の選び方
綿のうすい生地を使うと作業がしやすい。

うすい生地　／　厚い生地

布をさく

手でさく

1 布目の方向に沿って、つくりたいはばの倍のはばで切れ目を入れる。（切れ目／布目の方向）

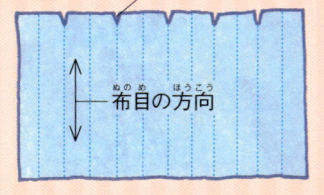

2 切れ目から手で布をさいていく。はしから3cmくらいを残しておく。

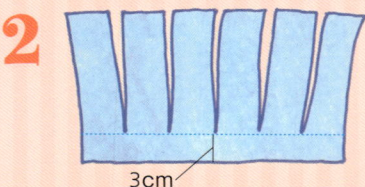

3 布の上下を反対にして、つながっている側に切れ目を入れる。

4 切れ目から2と同じように布をさき、はしを3cmくらい残すと、1本のひも状のさき布ができる。

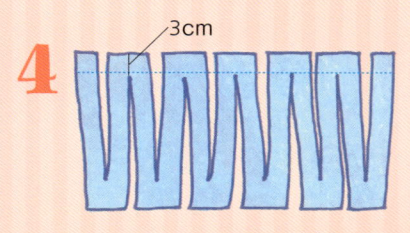

5 できあがったさき布のつなぎ目の角を切り落とす。（切る／半分に折って切る）

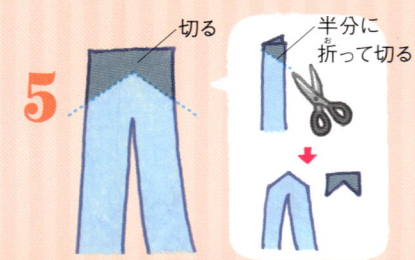

6 角を切ったら、ボール状にくるくるとさき布を巻く。

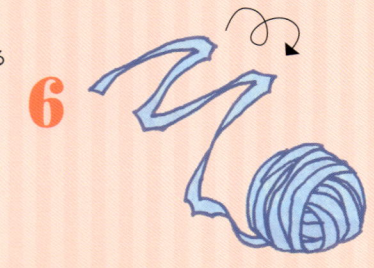

はさみで切る

1 図のようにはさみで切っていく。手でさくときと同じように、布のつなぎ目は、3cmくらい残して切る。（3cm／布目の方向）

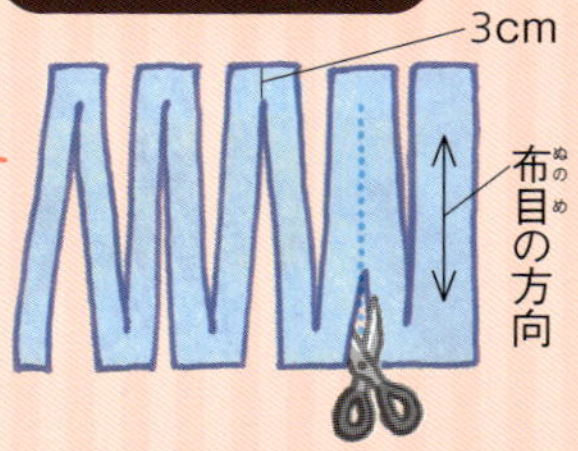

2 つなぎ目の角をはさみで切り落とす。（切る）

3 できあがったさき布をボール状に巻く。

布をつなげる

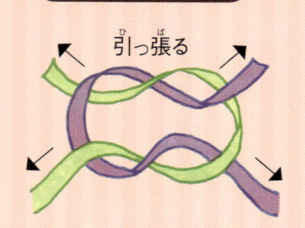

さき布とさき布を固結びして、余分な部分を切る。（引っ張る）

38

羊毛のさし方

1 羊毛をつけたいところにフェルティングマットをしく。

2 布の上に羊毛をのせ、フェルティングニードルでさしていく。

3 ニードルはまっすぐ持ち、針先のギザギザで羊毛をうめこむようにさす。

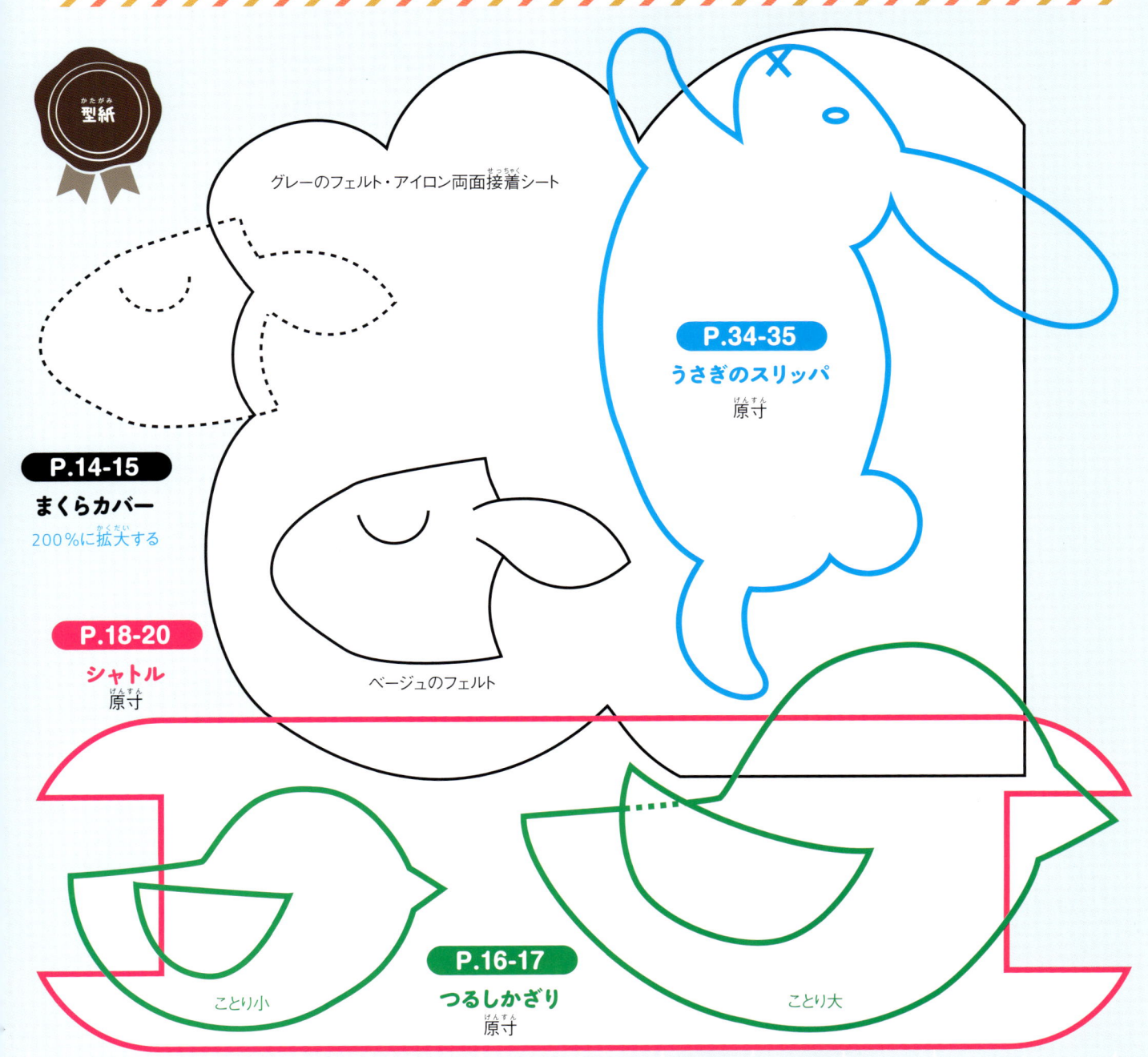

ギザギザ

型紙

グレーのフェルト・アイロン両面接着シート

ベージュのフェルト

P.14-15
まくらカバー
200%に拡大する

P.18-20
シャトル
原寸

P.34-35
うさぎのスリッパ
原寸

P.16-17
つるしかざり
原寸

ことり小

ことり大

39

手芸作家

emico
（P.10-11、P.36-37）

太田有紀（NICO）
（P.14-15、P.29-30、P.32-35）

杉野未央子（komihinata）
（P.26-28）

丸林佐和子
（P.12-13、P.16-25）

STAFF

撮影●向村春樹（WILL）
スタイリング●石井あすか
アートディレクション●大薮胤美（phrase）
デザイン●鈴木真弓（phrase）
イラスト●つかべ美菜子（P.10-30、P.32-37）
　　　　●浅野知子（P.31）
　　　　●工藤亜沙子（前見返し、P.23、P.38）
　　　　●ナシエ（P.5-9）
編集●井上幸、小菅由美子、滝沢奈美（WILL）
DTP●鈴木由紀、鶴田利香子（WILL）
校正●村井みちよ

参考文献

『新しい家庭 5・6』東京書籍
『小学校 わたしたちの家庭科 5・6』開隆堂
『いちばん縫いやすい「おさいほう」の基本』PHP研究所
『さいほうの基本』角川SSマガジンズ
『はじめてのおさいほうBOOK』成美堂出版
『はじめての「ぬう」と「あむ」』主婦の友社

編著／WILL こども知育研究所

幼児・児童向けの知育教材・書籍の企画・開発・編集を行う。2002年よりアフガニスタン難民の教育支援活動に参加、2011年3月11日の東日本大震災後は、被災保育所の支援活動を継続的に行っている。主な編著に『レインボーことば絵じてん』、『絵で見てわかる はじめての古典』全10巻、『せんそうって なんだったの？ 第2期』全12巻（いずれも学研）、『はじめよう！ 楽しい食育』全7巻、『学校放送・学級新聞おもしろアイデアシリーズ』全6巻、『見たい 聞きたい 恥ずかしくない！ 性の本』全5巻、『おもしろ漢字塾』全4巻（いずれも金の星社）など。

かんたん！ かわいい！
手づくり デコ＆手芸
インテリア小物

初版発行／2014年3月

編著／WILL こども知育研究所

発行所／株式会社金の星社
　〒111-0056　東京都台東区小島1-4-3
　TEL 03-3861-1861（代表）
　FAX 03-3861-1507
　ホームページ http://www.kinnohoshi.co.jp
　振替 00100-0-64678

印刷／広研印刷株式会社　製本／東京美術紙工

●乱丁・落丁本は、ご面倒ですが小社販売部宛にご送付ください。送料小社負担にてお取替えいたします。
©WILL, 2014
Published by KIN-NO-HOSHI SHA,Tokyo,Japan
NDC 594　40ページ　27cm　ISBN978-4-323-05783-5

JCOPY（社）出版者著作権管理機構 委託出版物

本書の無断複写は著作権法上での例外を除き禁じられています。複写される場合は、そのつど事前に（社）出版者著作権管理機構（電話 03-3513-6969、FAX 03-3513-6979、e-mail: info@jcopy.or.jp）の許諾を得てください。

※本書を代行業者等の第三者に依頼してスキャンやデジタル化することは、たとえ個人や家庭内での利用でも著作権法違反です。

かんたん！かわいい！！ 手づくりデコ&手芸

シリーズ全5巻　小学校中学年〜中学生向き
A4変型判　40ページ　図書館用堅牢製本　NDC594（手芸）

かわいいバッグやアクセサリーを手づくりしたり、自分の持ち物をデコレーションしたりして、楽しんでみませんか。簡単なものから大作まで、はば広い難易度のものを紹介しています。手づくりしながらセンスアップできる、おしゃれなアイテムがいっぱいのシリーズです！

「ファッション&アクセサリー」

たばねた髪をかざる「おとめチックシュシュ」やデコが楽しい「アリスの大きなカチューシャ」などのヘアアクセサリーのほか、「お花のリースTシャツ」、「スキップしたくなるうわばき」など、心おどるファッションアイテムがいっぱい！

「バッグ&おしゃれ小物」

毎日使いたい「ルンルン気分になるさわやかエコバッグ」や「キュートな白ねこのレッスンバッグ」、携帯電話に個性をそえる「キラキラビーズのおめかしストラップ」など、とっておきのバッグや小物を集めました！

「インテリア小物」

かべをかざる「ポンポンと羽根のふわふわリース」や「お部屋デコが楽しめることりのつるしかざり」、着なくなったセーターでつくる「北欧気分のぬくぬくタペストリー」など、インテリアをセンスアップする小物を紹介します。

「プレゼント」

かわいくて実用的な「すっぽりかぶせるフェルトキーカバー」や「赤×白のハッピーペットボトルホルダー」のほか、「ぷっくりほっぺのリスのしおり」、「願いをかなえるラッキーおまもり」など、大切な人におくりたいアイテムが満載です。

「編み物&もこもこ小物」

道具はいらない！指編みでつくる「ポンポンつきあったかミニマフラー」や「ふわふわヘアバンド」、羊毛フェルトでつくる、「スイートカップケーキ」や「チェリーのミニポシェット」など、心温まる、ふわふわもこもこの小物をたくさん集めました。